AF349317

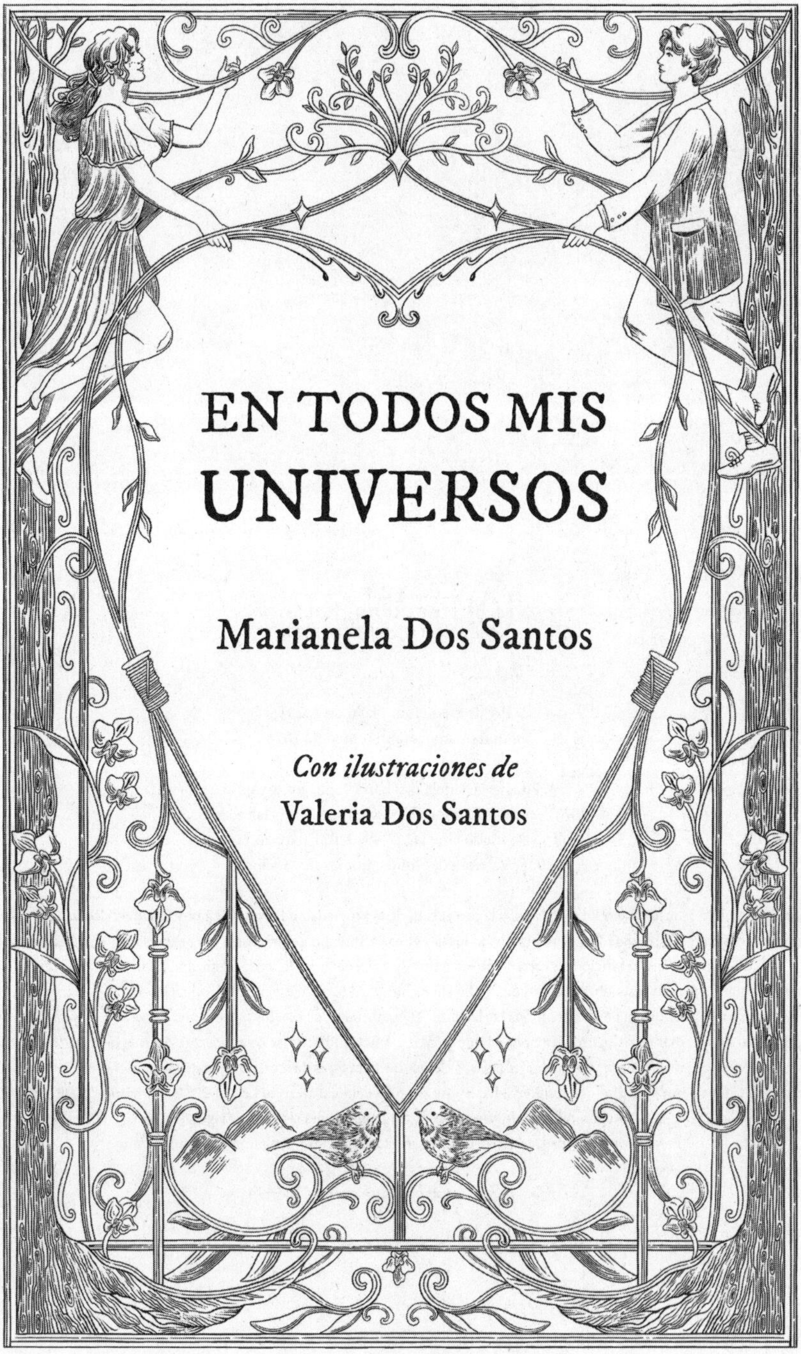

EN TODOS MIS UNIVERSOS

Marianela Dos Santos

Con ilustraciones de
Valeria Dos Santos

SOMOS B

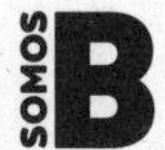

Primera edición: mayo de 2025
Segunda reimpresión: marzo de 2026

Printed in Colombia – Impreso en Colombia

ISBN: 978-84-666-8177-3

A Salvatore y María.

*Y a todos aquellos que sueñan
con un último abrazo de sus abuelos.*

Esta obra es un tributo
al amor entre dos almas
desde los ojos de sus nietas.

Porque un amor como el suyo
sobrevive a todos los universos.

Y cuando tú resucites,
cuando yo viva de nuevo,
nos volveremos a amar
en silencio;

y cuando todo se acabe
por siempre en el universo,
será un silencio de amor
el silencio.

ANDRÉS ELOY BLANCO

LA TEORÍA DE LOS MUCHOS MUNDOS

Aunque no hay evidencia directa de su existencia, esta interpretación sugiere que cada decisión que tomamos no solo afecta al curso de nuestras vidas, sino que podría originar un universo paralelo en el que seguimos el camino alternativo.

Por ejemplo, en un universo podrías decidir dejar tu país, mientras que en otro elegirías quedarte. Ambos universos coexistirían, pero en dimensiones separadas.

Esto nos lleva a la idea de un multiverso, donde existen incontables versiones de nosotros mismos, cada una experimentando todas las vidas que podríamos haber tenido y enfrentando las diferentes consecuencias de nuestras decisiones.

NOTA DE LA AUTORA

Todavía recuerdo la primera vez que sentí miedo a olvidar el sonido de sus voces. Incluso ahora, al verter estas palabras sobre el papel, me cuesta admitir que sus rostros siguen luchando por no distorsionarse en mi memoria, que debo recurrir a nuestras escasas fotografías para reconstruir todas sus partes. Poco a poco, me voy armando con sus recuerdos. Solo estoy hecha de ellos.

Un fuerte olor a mar se cuela en la habitación cuando intento reproducir mi nombre con sus voces. Siento la arena fina bajo mis pies y me digo que es imposible, que no estoy en casa, que hace mucho que no lo estoy. Sé que quiero regresar, pero también sé que ellos ya no están, y no quiero estar allí sin ellos, ¿sabes? Prefiero refugiarme en la teoría de que vuelven a vivir cuando aparecen en un pensamiento. Los veo siempre, cuando pienso en ellos. Escribo porque los llevo conmigo.

A veces, durante un breve instante, estoy casi completamente convencida de que puedo verlos en los ojos de mi madre. De hecho, las olas por poco tocan las paredes cuando pruebo las salsas que prepara con las medidas precisas de cariño que ellos le inculcaron.

Como si de pronto todos los días fueran domingos en su casa, el amor es posible porque ellos se amaron, porque ellos me amaron y ese amor sigue aquí.

No creo ser capaz de decirlo todo en estas páginas. Nunca podría hacer justicia a las huellas que mis abuelos dejaron en el mundo que hicieron suyo, como prueba latente de que existo. Aun con la convicción más profunda de que es tiempo perdido aquel que se destina al remordimiento, no sé si alguna vez dejaré de preguntarme cómo sería mi vida si nunca se hubieran ido.

Aunque no cuento con ninguna prueba sobre las vivencias que este libro relata, ni mucho menos de la veracidad científica de los universos paralelos, puedo decir que, cuando no sueño con su último abrazo, al menos descanso tranquila sujetándome con fuerza a la esperanza de que volvieron a encontrarse en todos los caminos posibles.

Solo deseo que este laberinto de poemas nos inspire a echar raíces en nuestro único universo conocido. Algo bueno tendrá, si aquí seguimos recordando con amor a los que se fueron primero.

LO QUE DIJIMOS ESA NOCHE
EN ALGÚN UNIVERSO

—¿Hacia dónde miras cuando piensas en todo lo que no sucedió?

—¿A qué te refieres?

—Digo: al pasado lo encontramos mirando atrás. El futuro, nos guste o no, siempre está un paso adelante. Pero ¿dónde quedan las cosas que no hicimos? Esas rutas que nunca tomamos, esas vidas que casi fueron nuestras, ¿adónde se mira para encontrarlas?

—A ningún lado. Lo que no fue simplemente no existe, ni aquí ni en ninguna otra parte.

—¿Dices que nunca has imaginado dónde estarías si hubieras tomado otras decisiones? Si hubieras elegido una carrera distinta, si hubieras rechazado ese trabajo…

—Claro que lo he hecho. Pero es un ejercicio inútil, un «hubiera» inalcanzable, un pasado irremediable condenado a una única posibilidad: la realidad que estamos viviendo. El remordimiento solo lo empeora.

—¿Y si pudieras verlo? ¿Y si existiera un modo de asomarte a esos universos alternativos?

—Creo que no me gustaría conocer esas versiones de mí, que no son yo. Me atormentaría.

—Yo no lo veo así. Imagina descubrir que, en algún rincón de ese infinito, lograste hacer lo que aquí no pudiste. O que esto que tienes, aunque sea poco, tiene más valor del que creías.

—Ahí está: no hay forma de saberlo. No existen portales hacia otras realidades, ni antologías que contengan esas respuestas. Incluso si pudieras cruzar esa línea, ¿no te da miedo lo que podrías conseguir?

—Me asusta, es verdad, pero no puedo dejar de pensar en ello. Es como si hubiera algo ahí, algo que jamás podré alcanzar pero que sigue llamándome. Y no quiero cambiarlo. Solo quiero saber que sigue allí, que esas puertas que nunca abrí no desaparecieron del todo.

—No sé, sigo creyendo que es absurdo lamentarse por lo que no llegó a pasar. Pero puedo reconocer que, tarde o temprano, tal vez por la chispa de un arrepentimiento, al final todos miraríamos hacia esa misteriosa dirección.

Había cierto consuelo en la creencia de que nuestras vidas se entrelazaban en todos los universos posibles. Como si cada decisión nos hubiera conducido a estar juntos, una y otra vez.

Este poemario, como la vida, es una serie de decisiones y un reflejo de sus consecuencias.

La primera de ellas:

A)   Puedes leer el libro de manera tradicional, respetando el orden de los capítulos.

B)   O puedes seguir las indicaciones de la narradora, descubriendo las conexiones entre tres universos que nacen de una misma historia.

«No me importan
los otros universos,
yo te quiero en este».

EN MI UNIVERSO CONOCIDO

APRENDISTE A LLORAR

No te asustes, mi niño…
¡es normal que llore el cielo
cuando no ve el sol entre sus nubes!

no temas, mi niño…
¡yo haré guardia al tiempo triste
que ose atormentar tus sueños!

y será un día igual a tantos otros
y mi amor por ti no será menos

pues sucede aquí que yo te quiero
y el amor sucede porque existes.

Fue una tarde de noviembre de 1929, en un peque-
ño pueblo italiano junto al mar, cuando abriste los
ojos por primera vez. El mundo entero pronunció
el augurio y lo esparció como un rumor para darte
la bienvenida. Tú no entendías el porqué.

«¿Por qué estoy aquí?».

«¿Qué vine a hacer?».

Del otro lado del mundo, yo aún no soñaba.

Si quieres descubrir cómo sería tu vida al crecer en tu
pueblo natal, ve a la página siguiente.

Si quieres descubrir cómo sería tu vida en un universo
alternativo, ve a la página 102.

CONOCISTE EL MIEDO EN PERSONA

En la distancia entre yo mismo
y mi sombra
habita un niño espejo

se mueve cuando me muevo
se esconde cuando me escondo
me sigue a todos los sitios

se ríe con mi risa
llora cuando yo lloro

pero ¿cómo me alejo
de este niño perdido
que no sabe de guerra
y ya es guerra en su pecho?

si me niego a que sienta
el dolor que ahora llevo

si yo crezco con miedo
pero el niño aún es niño
y la sombra aún es sombra…

¿debo acaso aceptar
que se quede conmigo?

A los trece años ya sabías cómo esconder el trigo bajo la tierra, con la agilidad propia de quien teme por primera vez a la muerte sin comprender muy bien su significado.

Tus padres no lo expresaban en voz alta, pero sus miradas no escondían secretos. Incluso durante las largas noches de angustia, cuando horneaban el pan a escondidas, lo único que los movía era mantenerte a salvo del hambre.

«La guerra», la llamaban. El niño que fuiste jamás volvió a jugar con sus amigos.

Si eliges seguir un camino que te hace madurar antes de tiempo, ve a la página siguiente.

Si eliges seguir un camino donde el miedo te hace más fuerte, ve a la página 104.

CRECISTE DEMASIADO RÁPIDO

He descubierto pequeños defectos
en las esquinas del papel
y del mundo

como que cierro los ojos y te veo
y te extraño de cerca, aunque estás
y es un pequeño defecto
tu ausencia

y tu escasez de repente es mía
y no quiero crecer sin ti
pero ya alcanzo tu altura

y debe ser una pequeña errata
del creador del poema
o de las manos que leen

porque abro los ojos y no te veo
y palpo de cerca y no estás
y no sé cómo salir del sueño
de un hijo que sigue doblando
las esquinas del papel y del mundo

y solo encuentra tu lugar vacío.

La noche que te despediste de tu infancia comenzó con la caída de un pétalo sobre tu almohada. Un evento casi imperceptible para ti desencadenó el principio del fin para la rosa.

Más tarde entenderías por qué el último abrazo de tu madre pasó desapercibido: no hubo tiempo para dedicarse palabras de despedida o para celebrar el fin de la guerra. Solo hubo silencio. Comprendiste que era el adiós cuando sus brazos ya no estaban para arroparte.

Y lloraste. Lloraste durante días, porque no concebías un mundo en el que pudieras crecer lejos de sus ojos.

Si decides irte de tu país después de la guerra, sigue el camino de la página siguiente.

Si prefieres quedarte en tu pueblo, creando un universo paralelo gracias a esta decisión, pasa a la página 106.

—¿Qué hago con el vacío que me dejaste?
—Debes regarlo con nuestros recuerdos.

—Tal vez,
en otro universo,
todavía sostengo tu mano.

TE DESPEDISTE
DE LO QUE CONOCÍAS

Fuiste hecho
para deshacerte

no pienses
ni por un momento
que despertarás entero

nadie puede reinventarse
sin perderse
concebirse sin saberse
un eterno extranjero

deberás dejar atrás
ciertos fragmentos
quebrarte en mil pedazos
vivir dentro del destierro

y si puedes
recortar los hilos sueltos

para no ser el primero
que se ahogue en esta orilla
a un paso de las maravillas
que aguardan
a un hombre deshecho.

Nadie te preparó para enfrentar la decisión más difícil: irte o quedarte. Cada vez que te acechaban los recuerdos de la miseria, algo tiraba de ti y te mostraba los rostros de tus amigos. La simple posibilidad de abandonarlos resultaba inimaginable en un mundo donde debías aferrarte a aquellos que te querían de vuelta.

Pero querías más. Necesitabas más. No podías ignorar la oportunidad que tu hermana mayor te ofrecía: la de huir de los estragos de la guerra y embarcar hacia una pequeña Venecia, al otro lado del océano. Debías confiar en lo que la nueva tierra tenía reservado para ti.

Entonces no lo sabías, pero subir a bordo de ese barco te cambiaría por completo.

Si eliges comenzar tu vida desde cero en este momento de tu historia, ve a la página siguiente.

Si eliges un universo donde no te alejas de tus seres queridos, ve a la página 110.

PISASTE LA FRONTERA

No debería arrancarse la flor
de su casa adolorida

no debería jamás
dolerle su primera casa

no debería buscar su tierra
en una tierra malherida

no debería jamás
echar raíces lejos de casa;

pero si eres tú quien manda
el rayo que me ilumina

si el sol insiste en repartir
su luz buena y dorada

esperaré a que escampe
en esta tierra amiga

y te juro que algún día
volveré a sentirme en casa.

Al pisar la capital, la poesía no había sido escrita. Nadie recitaba tu nombre en las calles, nadie reconocía tu rostro. La lengua era extraña y tu baúl, insuficiente para las memorias que planeabas recoger.

Después llegó lo de siempre, esa sensación constante de que el tiempo se agotaba y aún no te habías convertido en quien querías. Era el mismo dolor fantasma que te atravesaba en cada etapa y quería llevarse lo que quedaba de ti en esta nueva vida. Te hacía preguntarte por qué la habías escogido, si tal vez añorabas lo que dejaste atrás o preferías entregarte a la oportunidad de recuperarlo.

No lo escuchaste, pero se quedó contigo. ¿Se despide uno, algún día, de esa incertidumbre?

Si decides emprender la búsqueda de un trabajo para sobrevivir, ve a la página siguiente.

Si prefieres un universo en el que sí tienes la oportunidad de estudiar, ve a la página 112.

TE ECHASTE DE MENOS

Qué difícil es avanzar
mientras el tiempo
sigue andando

con cada paso
pierdo un futuro
mi cuerpo aislado
se inventa raíces

¿son más felices
los que creen?
no los conozco,
pero parecen ser
de esos que reciben
sin esperar un turno
que nunca viene

qué difícil es avanzar
mientras el tiempo
me olvida

me muevo me muevo
pero no llego
a esa vida tan vida
que siempre quise.

No deseabas convertirte en una carga para tu hermana. Por eso, en la búsqueda de un trabajo que te diera sustento y un nido en el que dormir, tuviste que hacer un trato con el sentimiento de extrañar todo aquello que no volvería.

La idea de integrarte entre los jóvenes de tu edad te hizo cosquillas en un rincón bien escondido de tu cuerpo. Te preguntabas si alguna vez podrías tener lo que ellos daban por sentado, si ellos comprenderían lo afortunados que eran, o si alguna vez sentirías que verdaderamente pertenecías a ese lugar.

¿Cuándo llegaría tu turno en este mundo? Era evidente que en esta historia ya habías mirado a la tristeza a los ojos. Te faltaba conocer el amor.

Si piensas en el amor romántico por primera vez, ve a la página siguiente.

Si en una realidad paralela aún no te interesa enamorarte, ve a la página 114.

TE INTRIGÓ EL AMOR
POR PRIMERA VEZ

Solo envidio a la luna
que acaricia tu ventana
y se cuela entre las nubes
y te besa

oh, yo quisiera
entregarte un beso como ese
esos deberían ser mis labios
yo quisiera
pero no sé tu nombre
ni tú el mío
no sé si existes
más allá de tanta espera

oh, si la vida por mí fuera
este amor creciente
sería tuyo
pero esta noche
solo te besa la luna

solo ella te conoce
solo ella.

Arropaste mi nombre por primera vez en la pizzería que te abrió las puertas, que por azar o pista del destino se llamaba igual que yo.

Consumías tus días trabajando de sol a sol, con el recuerdo de tus padres y los sabores de tu tierra vigentes en cada receta que preparabas. Tu patrón te había cedido un colchón en la bodega, y allí, cada vez que no podías conciliar el sueño, la atractiva idea del amor paseaba por tu mente.

Solo te faltaba tiempo para salir en su búsqueda, y mucho más para vivirlo; pero no había necesidad de apresurarse. Cuando tuviera que ser, sería. Lo único que debías hacer era esperarme.

Si eliges ilusionarte sin saber si eres correspondido, sigue el camino de la próxima página.

Si prefieres ser honesto antes de que alguien se ilusione, ve a la página 116.

—Elijo creer que ya llegará
nuestro momento.

—Solo espero que no sea
demasiado tarde.

ALGUIEN LLEGÓ PRIMERO

Aunque deseé ocultarlo
nunca fui ajeno al cariño

no lo supe en un principio
no lo pensé demasiado

fue querer sin compromiso
fue observarte de soslayo
en la distancia, caso omiso
de aceptarme equivocado

no era ella, no,
ella no eras tú
¡qué complicado!

¿cómo habría de saberlo?
cada idilio es un regalo
e, impaciente por sentirlo,
me he rendido ante sus labios

no eran los tuyos, no,
no es lo que hemos acordado…
en un último pecado
ansío que este paso errado
sea el que me acerque a ti.

Era la última noche del año, el 31 de diciembre de 1950. Te volvió a asombrar el calor navideño, tan distinto al de tu infancia, mientras que a mí me sorprendió que aquella medianoche fuera la primera vez que tus labios se fundían en un beso. Llevaba un vestido rojo y unos zapatos a juego.

No se parecía en nada a mí, tal vez porque no era yo: solo alguien que llegó primero para enseñarte lo que el amor jamás debía ser. ¿Sería ella el error necesario para que reconocieras el verdadero amor cuando llegara?

Mientras tú experimentabas por primera vez la estela de un sentimiento incontenible, yo no podía deshacerme de la sensación de que aquella noche, por siempre cálida en su límpida mirada azul, fue la primera vez que soñé contigo.

Si te preguntas qué queda cuando una persona te rompe el corazón, ve a la página siguiente.

Si te preguntas qué queda cuando la vida te rompe el corazón, ve al universo de la página 120.

QUISISTE A QUIEN
NO TE QUISO

Si pudiera olvidarte
sin entregarme al frío
escarbaría mi piel

te arrancaría

si pudiera
sepultar en mi memoria
la temida interrogante
de querer sin ser querido
o a esa idea aferrarme

preferiría el vacío

si pudiera
amar solo lo sentido
buscar en ti el culpable
hallar en los días perdidos
el resto de la indiferencia
que corrompió el intento
de juntarnos un instante

si pudiera soltarte
sin darme por vencido
sin recordar, te olvidaría.

Quizá, en otras circunstancias, la desconocida te advirtió que pretendía ser fugaz desde el principio. Tal vez lo hizo y nunca lo reconociste.

¿Cómo pudiste culparla de una historia que escribiste solo? No tuviste en cuenta tu falta de experiencia ni tu anhelo por sentirte querido. Padecías la ceguera de aquel que busca su mitad antes de tiempo, de quien se conforma con reflejos de una emoción inexistente.

No pudiste escoger a quién querías, ni pudimos escoger cuándo el buen amor vendría a reclamarnos. Ambos, ligeramente ilusos, esperábamos algo un poco más eterno.

Si sientes que alejarte es la única manera de seguir adelante, ve a la página siguiente. Un dato útil: esta decisión te acercará a mí.

Si sientes que otra versión de ti no puede alejarse, ve a la página 122.

LO HICISTE,
AUN CON MIEDO

Yo no voy a morir de pie
no soy un roble seco

en algún lugar del mundo
no pienso en lo que no fue

no estoy aquí esperando
una lluvia salvadora
no me molesto con el mundo
por lo que el mundo
hizo conmigo
ni con todos los felices

yo voy a vivir despierto
no observando
mas viviendo
en algún lugar del mundo
no cuestiono, ya lo sé

es mi misión seguir
y solo así, tal vez,
encuentre en mí
un lugar tranquilo.

Ya habías reiniciado tu vida una vez y estabas convencido de que podías hacerlo de nuevo.

Así fue como en 1956 tomaste tus pertenencias en una mano y el latido feroz en la otra. Creíste que se te saldría del cuerpo, que se desbordaría la expectativa que te acercaba adonde tenías que estar: la ciudad costera que me vio nacer.

No poseías más que la ropa blanca que ocultaba la harina de tu trabajo, la boina que te regaló tu padre, cinco sobres de cartas, setenta kilos de melancolía y un intenso temor a haber tomado la decisión equivocada. ¿Será que habría lugar para el futuro ahí donde se apretujaba la esperanza? Era absolutamente necesario avanzar para descubrirlo.

Si decides juntar tus ahorros para abrir tu primer negocio, ve a la página siguiente.

Si otra versión de ti decide quedarse en un trabajo que no le llena pero que necesita, ve a la página 124.

ANCLASTE TUS SUEÑOS

Recuérdame
por qué soñamos

por qué la marea nos mece
cuando pedimos un deseo

por qué se desvanece
el camino que queremos

cuando estando tan cerca
del puerto, no lo vemos;

recuérdame
por qué persigo mi desvelo

si la caída no me importa
veo más claro el cielo

yo recojo sus estrellas
y construyo mi sendero:

uno en el que sueñe
ya no tener un sueño.

La única necesidad que acogiste a lo largo de tu vida fue la de vivir cerca del mar. Parecía que la canción de las olas pudiera tomarte de la mano y guiarte hasta la orilla de tus recuerdos más felices.

Dicho esto, había llegado a tus oídos la leyenda de una ciudad azul, cuyas aguas eran tan serenas que permitían atracar enormes barcos con la hebra de un cabello. En aquel entonces, no podías imaginar los tesoros en forma de primeras veces que te aguardaban en ella.

Fue en sus calles donde conociste a tus primeros mejores amigos, te sentiste en casa estando lejos de casa por primera vez, abriste tu primera panadería y con ello concretaste tu primer sueño en este mundo. Así pues, solo faltábamos nosotros.

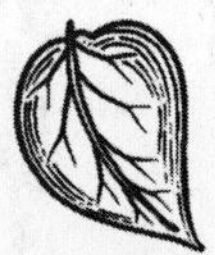

Si crees que nuestros caminos están destinados a cruzarse, sigue el rumbo de la siguiente página.

Si crees que en otro mundo aún no debemos encontrarnos, ve a la página 126.

Coincidir contigo
no fue coincidencia.

Debe existir
un motivo por el que,
entre tantas personas,
entre tantos caminos,
logramos encontrarnos.

Y ENTONCES
NOS ENCONTRAMOS

A veces la suerte se conjura
y junta a dos desconocidos
que ya se habían esperado

solo sus almas lo sabían
y coincidieron sus caminos
en un encuentro inesperado

nuestro azar hizo lo mismo:
te vi y recobré el sentido
como habiéndonos amado
en otro tiempo, otro destino,

el corazón guardó el cariño
y al posar tus ojos en los míos
en mí ya estabas enredado.

Dicen que las miradas no se cruzan por casualidad, tampoco lo hacen las manos. La verdad es que la primera vez que te vi no me fijé en esos detalles.

Solo recuerdo tu acento, la voz cálida que recorrió todos mis sentidos y me envolvió con la suavidad de una bienvenida. Qué maravilloso era que alguien, solo con sus palabras, pudiera hacerme sentir verdaderamente comprendida.

Fue así como comenzó mi primer día de trabajo en tu negocio. Ese destello misterioso, justo antes de reconocernos, refulgió solo un instante; pero hubiera podido ser mi casa para siempre.

Si decides dejarme entrar en tu corazón poco a poco, ve a la página siguiente.

Si te arrepientes de haber abierto tu corazón a otras personas, ve a la página 130.

CUIDÉ MI FRAGILIDAD

No lo sabes
pero yo entonces creía
que no podía quererte
por miedo a quererte
demasiado

no lo sabes
pero yo me protegía
de tal frío vulnerable
si tu amor
me era negado

no lo sabes
yo pensaba que te irías
no quería acostumbrarme
o hacer hábito necesario

pero ya sabes
que este mi latido tuyo
no fue un amor
inesperado

fue un amor
inevitable.

Alguien me había dicho que amar era como sostener el corazón fuera del pecho. No quise posarlo en tus manos sin ser consciente del poder que te otorgaba: el de herirme o cambiarme en el proceso.

Nunca antes me había mostrado enteramente transparente, ni había considerado dejarme caer sin experimentar el miedo. Pero se volvió rutina verte en el trabajo, me convenciste con tus gestos hacia los otros, una amabilidad que no esperaba nada a cambio, un vínculo creciente con los días. Cuando pensaba que la bondad se había extinguido, la veía renacer en la labor incansable de tus manos.

Por eso, en algún punto de esta historia de naufragio, cerré los ojos y me rendí en la orilla de tu abrazo. Puede que en el siguiente párrafo hayamos reunido el valor para querernos.

Si deseas seguir luchando por lo que amas en este universo, ve a la página siguiente.

Si otra versión de ti siente que todo se desmorona, conócelo en la página 132.

FUIMOS INÉDITOS

Hay algo en tu silencio que me habla,
hay algo en mi silencio que responde;
en los anhelos que callan tus palabras
viven las respuestas que me escondes

te quiero, amor, lo grito en gestos,
eres dueña de cada una de mis voces;
de enamorarse a amar hay solo un paso
que por querer querernos nos recorre

en el deseo intuitivo de entenderte,
me acerco lentamente si me oyes:
para mostrarte, amor, que ya soy tuyo,
no hay necesidad de traducciones.

No necesitaba traducir mi alma para que me comprendieras.

Aunque disfrutaba de enseñarte nuevas palabras, a menudo no hacía falta decir nada: desde el principio nos leíamos sin letras, como los únicos hablantes de un lenguaje propio e intransferible. Bastaba un gesto, un latido, sabernos felices y hacer todo lo posible por prolongar esa alegría. Verte cuidar de tus pequeños cultivos en tu tiempo libre y entender el significado de la tierra a la mesa, de tus manos a las mías.

Y en esa búsqueda incesante de un lugar en el que quedarte, solo obtuviste la respuesta en el primer contacto de nuestros labios: en mí, querías mudarte aquí, en donde hubiera espacio de sobra para compartir tu existencia con la mía.

Si no puedes esperar un día más para llamarme tu esposa, ve a la página siguiente.

Si en un mundo distinto no puedes esperar un día más para cambiar, ve a la página 134.

DIMOS EL SÍ

Cuando camine hacia ti
y cuente los pasos que falten
y mire mis manos temblando

cuando llegue la dicha de verte
y mi voz arrulle tus sueños
y tu voz responda a los míos

cuando no quiera hacer otra cosa
y mi cuerpo encuentre un exilio
entre las curvas de tu boca

sé que las dudas podrán olvidarnos
y soltarás el «sí» más precioso
que en mi piel quedará grabado:

el «sí, anhelo una vida,
o dos, o tres, cuantas pueda,
a tu lado».

El atardecer teñía nuestra casa con tonos dorados. Estaba sentada, remendando un viejo mantel heredado, cuando te vi entrar en la sala para mostrarme los frutos más recientes del huerto de nuestro patio.

Esa misma tarde todo se volvió muy simple. La emoción en tu rostro y la familiaridad de nuestros gestos me revelaron que en esto consistía nuestro mundo: cuando la tierra temblaba, yo cosía con fuerza el lazo que nos unía en un futuro compartido. Al caer el sol, tú regabas las flores que habíamos sembrado el día que nos encontramos.

Y esta conexión, extendida en el tiempo, era todo lo que necesitábamos.

Si te gustaría conocer a una de las vidas que nos cambiarán para siempre, continúa el camino de la página siguiente.

Si prefieres tomar una decisión que cambiará el curso de tu vida paralela, ve a la página 136.

—¿Mi sueño, me preguntas?
Construir un hogar,
por fin, seguro.

—Ojalá seas tú quien
me abra la puerta
en todos los universos.

DE REPENTE,
DEJAMOS DE SER DOS

Tengo un corazón
dentro del mío

voy a enseñarle
cómo se debe amar

y me verá quererle
desde siempre

y ese amor
siempre se quedará;

tengo miedo de
que pueda romperse

no quisiera que
aprendiese a llorar

pero ese amor
en mi corazón sigue

y con suerte
también le encontrará.

En octubre de 1966, vi tus ojos en sus ojos por primera vez. Era el día de mi cumpleaños. Mi regalo llegó envuelto en el dolor más intenso que mi cuerpo pudo albergar, proporcional a todo el miedo que nos perseguía. Temíamos, ante todo, no poder protegerla de la oscuridad de la que nuestros padres no lograron salvarnos.

No existía lugar seguro en el mundo conocido, ninguna certeza de que nuestras cicatrices no se convertirían en sus heridas. Pero hubo algo en su llanto inocente que nos llenó de seguridad: una alegría inmensa cuando al final la sostuvimos.

¿Qué nombre le pondríamos a una de las seis vidas que nos cambiaría la vida para siempre, a la primera niña fruto de nuestro amor? La llamamos Vita, que venía a significar lo mismo.

Si quieres descubrir si estamos cerca de perderlo todo, ve a la página siguiente.

Si quieres descubrir si estamos cerca de encontrarnos en otro universo, ve a la página 140.

PERDIMOS ALGUNAS COSAS

Qué oscuro se ha puesto el cielo
parece que nos ha olvidado
pero después volteo a verte
¡ay, puedo verte!

me abres las puertas
de una casa que no existe
me recibes entre cenizas
me vas contando lo robado

el tiempo, las cosas,
¿qué me importa?

respeto al invasor temido
mas no añoro lo extraviado
ahora que puedo verte
¡ay, puedo verte!

los papeles, los recuerdos,
todo bien recuperado…

Amor, solo tu presencia
me es refugio.

Ocurrió una madrugada de 1969, cuando la oscuridad aún nos arropaba. El fuego se había presentado sin invitación en nuestra calle y, en cuestión de minutos, logró reducir a cenizas lo que con tanto sacrificio habías construido.

La panadería de tus sueños se convirtió en su sombra. No entendía de dónde sacabas la fuerza para mantenerte impasible, envolviendo a nuestros hijos en tus brazos y recordándome con dulzura que lo más importante estaba a salvo.

Solo durante la noche, cuando nuestros ojos no te alcanzaban, la habitación olía a mar abierto; y en el silencio de las luces apagadas, en la contención de un sueño frágil en tu pecho, te diste permiso para llorar como el niño que alguna vez fuiste.

Si darías todo por nuestra familia, aunque eso signifique estar lejos de ellos, ve a la página siguiente.

Si darías todo por reencontrarnos en otro universo, aunque eso signifique estar lejos de casa, ve a la página 142.

LE FALTÓ TIEMPO AL TIEMPO

Papá, ¿otra vez te fuiste de repente?
nuestra distancia ocupa cada esquina;
te espero como el río a su corriente
y como el cielo a la luna que ilumina

tus pasos no me enseñan a perderte,
voy creciendo conforme tú caminas;
vas dejando una urgencia persistente
y un extrañar constante en la rutina

me faltas tú y, sin ti, todo es oscuro,
te llamo con el murmullo de la brisa
y tu amor trabaja lejos, muy ausente,

pero en el aire permanece tu caricia;
cuando sales a cuidar mi futuro
solo tu abrazo, al volver,
me tranquiliza.

Cuando no estábamos en casa, nos unía el deseo de que un viento cálido se abriera paso a través de las ventanas y llenara las habitaciones vacías. Creíamos que, de esa manera, quizá nuestros hijos no notarían nuestra ausencia tan temprano.

Hacíamos malabares con el tiempo, luchando por recuperarnos del incendio sin perder ni un minuto del crecimiento de los niños. Nos entregábamos por completo a la tarea silenciosa de garantizar que nunca les faltara nada. Sin embargo, una espina se incrustaba como la posibilidad de haber hecho algo diferente, algo que les permitiera ser nada más que niños, sin tener que cargar con el peso de nuestras responsabilidades.

Tan solo nos restaba la esperanza de que algún día pudieran perdonarnos por cada abrazo que llegó más tarde.

Si tomas la decisión de seguir caminando a mi lado, ve a la página siguiente.

Si tomas la decisión de caminar lejos de nuestra posible historia, ve a la página 144.

VISTE EL REFLEJO ENVEJECIDO

Si pudieras verte
de la forma en que te veo

vestida de verde prado
besado por la lluvia
en el vértigo que ofrece
mi pasión en tu ternura
verías, por una vez,
cuánto te quiero

si pudieras verme
de la forma en que te veo

verías el amor más fuerte
que de mi piel no muda,
que no desgasta mi sentir
con sus dispersos trazos,
que no evade los espejos
ni maquilla sus pedazos

verías, por una vez,
que toda alma que ama
al arrugarse, no envejece.

Conocí tu miedo antes de conocerte, pues era el mismo sentimiento con el que llevaba años conviviendo: ese ansiado y temido deseo de recibir los regalos del tiempo.

Como nadie lograba esconderse del cambio, nuestros hijos crecían y nosotros con ellos. Nos complacían sus logros, su gozo juvenil y el amor que llegaba a sus vidas. Incluso veíamos en sus errores un reflejo de nuestros mejores años.

Pero cada noche, cuando el cansancio nos vencía y los pasillos ya no eran lugar de encuentro, dejábamos ir los últimos rastros de quienes alguna vez fuimos juntos, creyendo que siempre habría más tiempo. Por ahora, nos teníamos. Debíamos entender que nos teníamos.

Si crees que el tiempo nunca cambiará cómo nos sentimos, sigue el rumbo de la próxima página.

Si crees que el tiempo no será suficiente para separarnos, ve al universo de la página 148.

—Qué extraño es el tiempo,
parece que fue ayer cuando
nos salvamos.

—Tal vez se trata de quedarnos
donde el tiempo no nos pese.

EL AMOR ESTUVO IMPLÍCITO

El querer que quiero
es quererte invisible
una respuesta silenciosa
un instinto de buscarte

dos manos que se atraen
dos pies que ya te siguen
una caja que late, late, late…

una caricia transparente
impresa entre tus pliegues
como huellas duraderas
únicas en estas calles

ahí donde el deseo
ha transitado diariamente
son los otros los que gritan
el consuelo de los años:

que para mí, amar, amor,
es un evento cotidiano
intangible y transparente.

Hacía ya treinta años que te amaba y aún salía a la calle cubierta de tus huellas.

Sin darme cuenta, todos los días presumía de los gestos simples que impregnabas en mi cuerpo y que eran invisibles ante la mirada del mundo: un beso en la frente mientras dormía, un abrazo espontáneo a mitad de la tarde, una taza de café anticipada o un ingrediente secreto que solo tú y yo conocíamos.

A mitad del camino, había ocasiones en las que me asaltaba la pregunta: ¿cuántas personas que compartían el mismo amor, habrían recorrido estos caminos? ¿Y cuántas de ellas seguirían juntas? Supongo que solo importaba el deseo de seguir siendo nosotros.

Si sientes que ha llegado el momento de volver a tu ciudad de origen, ve a la página siguiente.

Si prefieres una realidad alternativa en la que te encuentro en mi ciudad, ve a la página 150.

REGAMOS TUS RAÍCES

Ya van un millón de días sin ti
¿aún me recuerdas?
yo era el niño
que jugaba con fantasmas
el que corría libre por tus calles
solo en sueños
ese niño, el mismo que soñaba
con días
en los que no anocheciera

hace un siglo dejé en ti mis raíces
quedé huérfano de madre
y de esperanza,
pensando
que no volvería a verte…
oh, mi isla, mi tierra,
solo he sabido extrañarte

si guardas un lugar en el que pueda
posar en ti mis pies cansados
¿me dejarás volver a conocerte?
recuerda, yo era el joven
que se fue queriendo verte…

hace casi un millón de años.

Vi con claridad los huecos de tu pecho con la forma de todo lo que habías dejado atrás. Y aunque te habías enamorado perdidamente de mi patria, aunque cada rincón que exploramos juntos dejó su marca en quien eras y en cada cosa que hacías, nunca fue tarde para regresar a tu pueblo de origen.

La llegada del nuevo siglo coincidió con nuestro viaje. Nada te ataba al pasado, salvo la única certeza de que no podrías volver a él: ya no estarían las mismas personas ni coincidirían los colores de tus recuerdos. Temías que el dolor volviera a ti al reabrir las heridas del pasado o imaginar los futuros desconocidos, aquellos que no existieron debido a las decisiones que tomaste.

Sin embargo, a medida que nos acercábamos, el hogar recobraba la forma de cualquier lugar en el que estuviéramos juntos.

Si con el paso del tiempo olvidamos decirnos que nos queremos, ve a la página siguiente.

Si con el paso del tiempo recordamos amarnos en voz alta, ve a la página 152.

EL AMOR CASI FUE SUFICIENTE

Por favor,
no seamos de esos necios
que viven dejándose ir
por no saber decirse
que se pierden

quédate aquí,
si quieres,
no me preocupa
ofrecerte una salida
ni darte mis mejores días
en tus peores meses
—aún seguiré a tu lado
si aún así lo quieres—

por favor,
préstame el hilo
que repare las puntadas
que conspiran deshacerse
—aún hay tiempo,
aún te quiero,
aún me quieres—

que no se nos olvide.

Era fácil afirmar que el amor era fácil. Poco se hablaba de todas las veces que tuvimos que esconder el orgullo debajo de la mesa, de todas las conversaciones que sostuvimos hasta aprender a perdonarnos, o de cada una de las decisiones cotidianas que enfrentamos para hacerlo mejor que el día anterior.

No se debía a que la chispa se hubiera extinguido entre nosotros: el inquebrantable deseo de tenernos y de confiar en el otro siempre estuvo.

La verdad era que quererte siempre había sido sencillo. Lo complicado, lo que realmente nos retaba en este mundo, era no dejar que las piedras en el camino nos hicieran olvidar por qué seguimos caminando juntos.

Si te preguntas qué podría salir mal cuando todo está bien, ve a la página siguiente.

Si te preguntas si podrías sentirte bien cuando todo está mal, ve a la página 156.

SE OSCURECIÓ NUESTRO MUNDO

Por qué sigue el dolor
en tus ojos
por qué se alarga
y me arrastra contigo
aun cuando te espero

por qué se agarra
y se clava
en tu pecho
como un alfiler pesado
que rompe el vacío
cuando aún te espero

por qué sigue
escociendo callado
aun cuando mis manos
luchan por arrancarlo
y no puedo

será porque llega y arrasa
me siento en silencio
aguardando a que pase
y me quedo.

Estaba de vuelta en la casa de tu infancia, preparando el desayuno rutinario, cuando de pronto creí escuchar mi nombre. Primero una vez, luego dos veces, hasta que dejó de parecer tu voz; era el dolor punzante, como mil agujas en tus huesos, el que hablaba por ti.

Dejé el plato en la mesa y, con el corazón acelerado, salí corriendo al patio. Te ayudé a levantarte con las fuerzas que hallé en mí ante la imagen inesperada. Y me sentí tan pequeña frente a tu herida, tan impotente, tan inútil. Solo deseaba poder cargar con tu dolor para que no tuvieras que sentirlo solo.

Pero en este universo nunca supe cómo hacer para que el tiempo retrocediera. Nunca tuve el poder de remover el dolor de mis seres queridos.

Si decides regresar a nuestro hogar, sigue el camino de la próxima página.

Si decides quedarte en donde no eres plenamente feliz, visita el universo de la página 158.

—Si todo pasa por una razón,
¿por qué no me ayudas a entenderla?

—No se supone que la entiendas.
No le preguntas al árbol por qué crece.

TE ARREPENTISTE

¡Ojalá hubiera sido diferente
en esta vida,
qué gusto me hubiera dado
decir que así lo quise!

pienso en todo lo que pude
haber hecho de otra forma
si caerme tantas veces
no hubiera sido tan difícil;

¡ojalá este mundo
hubiera sido más amable,
qué gusto me hubiera dado
decir que sí más veces!

ojalá haberte tratado
mejor de lo que hice…
pero desearlo ahora
nunca será suficiente.

La familia reunida en tu pueblo tiñó los días de una fuerza que, aunque llevadera, no lograba aliviar la urgencia de regresar a nuestra casa. Volver se había convertido en una necesidad más que un deseo compartido.

Allí, donde el viento arrastraba el dulce perfume de las orquídeas, aún quedaban los vestigios de una vida que la caída te había arrebatado. Solo en sus calles podrías seguir conociendo a aquellos que viajaban desde lejos para probar el legado de tus pizzas, seguir abrazando a los amigos que no te habían olvidado, seguir enseñando a tus nietos los colores de las historias que sus paredes guardaban. Sin duda, era el único lugar donde podías ser tú mismo.

Y fue esa decisión de emprender el viaje de regreso, como el sol que retorna fiel tras la tormenta, la que nos regaló seis años tan cercanos al milagro; sin embargo, nada de aquello fue suficiente para la vida que alguna vez nos prometimos.

Si en este mundo no puedes hacer nada para evitar la despedida, ve a la página siguiente.

Si en otro mundo puedo evitar decir adiós, pasa a la página 160.

ME QUEDÉ ESPERÁNDOTE

¿Qué sería de mi cama sin tu peso?
se hundiría poco a poco
estoy segura

el ligero contorno de tu cuerpo
solo encaja en un sitio:
junto al mío

cuando no estás
no sé dormir
no encuentro el sueño

el insomnio
no es reemplazo
de tu figura

y culpo al hábito, no hay duda,
¿o será la culpa toda mía?

si en el borde de otro día
no cuento ovejas, sí minutos

y cuando faltan los segundos
me lanzo al hueco que dejaste
en el lado izquierdo de mi vida.

Nunca creíste en el destino. Agradecías la conjunción de casualidades que hizo posible nuestro encuentro, pero no perdías el tiempo cuestionando el verdadero motivo detrás de sus señales.

Pero ¿qué extraña sincronía podía hacer que dejaras este mundo justo el día del trabajador? Tú, que habías trabajado para vivir y habías vivido para trabajar; que sobreviviste a la miseria de la guerra, a los arañazos del tiempo, a tantos pesares que ningún libro alcanzaría a guardar… no pudiste irte otro día, no pudiste no irte, no pudiste enseñarme a vivir sin ti.

Y entonces llegaba el pensamiento: si mi amor hubiera bastado para salvarte, si este dolor en mí se rebelara y abriera un portal entre los mundos, tal vez todavía estaría sentada en tu regazo. ¿Y qué mejor mundo sería el nuestro, que aquel en el que aún estoy contigo, y tu voz es amparo de mi nombre, y tu piel es calor contra la mía?

Si crees que puedo aprender a vivir con tu ausencia, continúa el rumbo de la página siguiente.

Si crees que debemos aprovechar todo el tiempo que tenemos en otro universo, ve a la página 162.

—Me duele el lugar que habitabas.
—¿La casa?
—No, mi vida.

—¿La casa cambió cuando me fui?
—Ni un poco. Te sigo viendo en cada esquina.

ME SENTÉ CON TU AUSENCIA

No recuerdo si te dije que te quiero
—que te quiero, amor, ¿no te lo dije?—
que soy quien soy porque estuviste
y que no basta esta vida para amarte

para amarte, amor, ¿debo extrañarte?
¿he de volver a los recuerdos grises?
si los tonos del atardecer me dicen
que no estoy sin ti esta triste tarde...

¡no cesará la urgencia de buscarte!
—de buscarte, amor, donde vivías—
en nuestro patio colmado de ruinas
donde amamos, ayer, y mucho antes.

No me interesaba un universo donde no estuvieras. Quería mudarme a un tiempo o espacio en el que siguieras siendo tú y siguiera siendo yo contigo, uno donde tu sonrisa me esperara en la cocina, donde tu perfume no enjuagara lagrimales con tu ausencia. Pero los meses se deslizaban junto a los tonos grises de mi pelo y todavía no sabía cómo enseñarme que no estabas, que ya no estarías.

En algún momento me asaltó la ironía de que tú, como panadero, siempre habías trabajado vestido de blanco. Ahora encontraba en mis vestiduras negras un intento de llevarte conmigo adonde fuera.

Así, te hallaba sin buscarte y te perdía en todos los lugares donde quería que estuvieras. Pero ¿acaso podría la pérdida durar más que el amor que nos tuvimos? Mientras todos seguían adelante, yo me iría de este mundo vestida de negro. El día que te olvidara sería el último día de mi vida.

Si en este universo nunca terminas de irte, ve a la página siguiente.

Si en otro universo puede que deba irme primero, ve a la página 166.

VIVISTE EN EL RECUERDO

No quisiera que nos vieras
desde arriba
que pensaras que el amor
por ti ha migrado
tú te fuiste
nunca quise que te fueras
desde entonces
muchas cosas han pasado

tus nietos entendieron
lo que es irse
estarías orgulloso de sus pasos
todos quisieran
creer que sí los viste
ojalá pudieras ver
lo que han logrado

no quisiera que me vieras
en la casa
que me vieras sola
agarrada a tu recuerdo
tejiendo a cada nieto
una bufanda
para que nunca pasen frío
estando lejos.

Después de tu partida, estuve aquí para sufrir la transformación de la tierra que amamos y que comenzaba a doler sin remedio. Observé el reflejo de mi propia delgadez en los rostros de nuestros conocidos. También padecí el impensable egoísmo de negarle el pan a un amigo debido a la escasez de harina.

Fue un año marcado por largas colas para conseguir muy pocos bienes, por recetas improvisadas con aquello que teníamos, por ver a nuestros hijos y nietos meter sus vidas en maletas para encontrar mejores oportunidades. Como si tu historia de inmigrante se repitiera a través de ellos, cada Navidad traía más sillas vacías.

En el fondo, un respiro, un suspiro de alivio, porque al menos no tenías que ver cómo nuestra casa se vaciaba. Pero lo que quedaba de mí, el esbozo de latido que se aferraba a este mundo, solo deseaba estar contigo.

Si en este mundo no tuve la oportunidad de despedirme, ve a la página siguiente.

Si en otro mundo no hay a quién decirle adiós, ve a la página 168.

ME FUI EN SILENCIO

¿Por qué no pudo ser esta
mi vida, la que quiero?

¿por qué no pudo darse,
en mi vida, nuestro abrazo?

me gustaría que la brisa
te trajera de regreso

me gustaría recordarte
sin haberte olvidado;

pero este mundo injusto
me robó tu despedida

y deseé tanto una vida
que nunca fue posible

que el tiempo que tuvimos
se nos desangró en las manos.

Yo tampoco salí ilesa de la vida. Los dolores del cáncer llegaron como marea oscura e imparable en medio de una pandemia, justo cuando el deseo de un motivo era más urgente, más afilado. Quería verte de nuevo, sí, pero también quería quedarme un rato más en esta orilla.

En este mundo no tuve la oportunidad de despedirme de nuestros seres queridos con abrazos ni palabras. Y aunque a algunos pude verlos a través de una pantalla, no hubo nada que justificara la injusticia provocada por la distancia irremediable. No debía ser de esta manera.

¿Existiría un mundo espejo en el que el cáncer no nos separó? Tal vez aún seguiríamos juntos, coleccionando momentos con quienes llegaron después, renovando recuerdos con la serena consciencia de su fugacidad. Cómo desearía esa vida para nosotros.

Si crees que existe la posibilidad de volvernos a encontrar en esta vida, pasa a la página siguiente.

Si crees que existe la posibilidad de volvernos a encontrar en otros mundos, ve a la página 172.

SOÑÉ QUE TE VI DE NUEVO

Lo primero que noté
fue que seguías siendo el mismo

como si el tiempo
se hubiera olvidado de tu cuerpo
como si tu alma
aún fuera la de un niño
me quisiste
como si nunca dejaste de verme
y yo te quise
como si nunca te hubieras ido

entonces supe que había vuelto
como huésped recurrente
otra vez
tu corazón dentro del mío
como si conservara la memoria
y dentro de sus trazos
aún guardara mi latido

y por eso
—porque éramos los mismos—
en el amparo de tus brazos
me entregué al sueño infinito.

Todo se encontraba justo como lo dejamos: los sillones hundidos, las macetas alineadas en el patio, los cubiertos durmiendo en sus gavetas. Pero el aire ya no olía a pan caliente y las risas de nuestros nietos no quebraban el silencio de los pasillos.

Nadie regaba las flores que un día se alzaron al sol en nuestro patio. No quedaba rastro alguno de tus sueños en una panadería abandonada. ¿Quién iba a sospechar que nada de esto importó cuando nos fuimos?

Yo siempre supe que cumplirías tu promesa. Lo supe incluso antes de irme, cuando entendí que el dolor era la única evidencia de nuestro paso por este mundo. Desde el principio fui consciente de que para amarte debía entregarte mis manos, sabiendo que, al hacerlo, me entregaba también a la pérdida inevitable del tacto de las tuyas. Y aun así, volvería a arriesgarlo todo por una oportunidad de estar contigo.

—¿Volverías a elegirme?

—Qué pregunta tan extraña. Solo tiene una respuesta.

Sí
Sí
Sí
Sí
Sí

—Si pudiéramos viajar a esos universos alternativos, ¿crees que podríamos perdernos el uno al otro? Que en alguno de ellos ni siquiera nos conocimos.

—Sé que es una posibilidad. Es extraño pensar que, en este mismo momento, puedan existir versiones de mí que han pasado toda su vida perdiéndote.

—Yo siento lo mismo. No creo que haya sido coincidencia conocernos, pero debemos ser conscientes de lo frágil que es el sentimiento que compartimos.

—¿Frágil, dices?

—Sí, porque el hilo que nos une puede romperse con facilidad. Tiene que sostenerse con fuerza desde ambos extremos para sobrevivir a todas las circunstancias, en cualquiera de esas realidades.

Lo miré fijamente antes de soltar la pregunta.

—¿Crees que me amarías otra vez, si todo fuera diferente?

—En esta vida, y en cada versión posible de mí, te llevaré conmigo. No quiero que el amor me mire con ojos que no sean los tuyos.

«Por favor,
en otro universo,
vuelve a quererme».

EN MI UNIVERSO DESCONOCIDO

Tal vez en otro universo

LLEGASTE A TIEMPO

Si hoy volvieras a vivir
sin recordar haber vivido;
si este mundo fuera nuevo
visto con tus nuevos ojos…

¿serías el mismo intruso
que creí haber conocido?
¿regresarías por el tiempo
que perdimos en el otro?

si hoy volvieras a buscarme
tal vez no recordaría
la textura de tus manos
o la forma de tus hombros…

pero dentro, muy adentro,
tal vez nunca olvidaría
que esperé por ti una vida
que ahora era de nosotros.

Tan pronto como llegaste, algo se sintió distinto.

Hubo un destello en tus ojos recién nacidos. No sabría cómo explicarlo a quien no te hubiera conocido, pero tu primer pensamiento, dentro de tu inocencia, parecía venir de otros lugares.

Sentías paz porque habías venido. También sabías que, si de pronto no vinieras, el universo seguiría su curso sin extrañarte.

Pero una parte de mí ya te conocía, como si al soñarte te arrancara del vacío y al fin te hiciera real. Como si tu nombre me fuera conocido, me entregué a conocer toda tu historia.

Si eliges crecer en este mundo, ve a la página siguiente.

Si eliges crecer en un lugar seguro, ve a la página 180.

EL MIEDO SOLO FUE
UN MAL RECUERDO

Mamá,
tengo miedo…

quiero crecer, mamá,
y ser más grande que mi miedo…
¿no puedes llevarte lejos
todo este miedo mío?

quisiera sostener tu mano
sin pensar en extrañarla…
ay, dormirme sin las voces
de un estómago vacío…

pero este miedo de perderte
sin saber que te he perdido
me dice en medio del barullo
muy cerquita del oído:

que deberé vivir con miedo
si es morir, pero contigo.

El mundo seguía envuelto en sombras mientras crecías. Soñabas con ser un héroe algún día, uno que tuviera el poder de apagar los ruidos de la guerra y detener el curso del tiempo.

Eras el mismo niño que buscaba alegría en una tierra que la había olvidado, el mismo que se preguntaba si su padre volvería a cruzar la puerta o si la sonrisa regresaría algún día a los labios de su madre. Solo que, esta vez, tus hermanos te ayudaron a construir un refugio donde el miedo no pudiera alcanzarte.

Cada noche cerrabas los ojos confiando en que, al despertar, dolería un poco menos no saber qué pasaría. Y el niño que eras, por una milésima de segundo, se sentía invencible en medio de la oscuridad.

Si eliges un universo donde no tienes que crecer lejos de tu familia, ve a la página siguiente.

Si eliges un universo donde tus padres tienen la vida que siempre desearon, ve a la página 182.

TE AFERRASTE A TU TIERRA

¿Por qué hablas
de dejar atrás los lazos?

hay algo que me ata
a estar contigo

no cabe mi vida
en mi equipaje
no
prefiero ser raíz
del mismo sitio

¿en dónde más
podría encontrarme
sino en los rostros
que más quiero
en mi cuarto conocido?

hay algo de verdad
en lo que te digo:

es valiente quien se va
tanto como
quien se queda
aun temblando de frío.

El frío te calaba hasta los huesos en el invierno de 1943. Abriste la puerta de casa, colgaste tu abrigo en el perchero y te encontraste ante la imagen de tus padres. No eran cuadros, no eran fotografías; era su presencia tan cerca como un suspiro.

Sin dudarlo ni un segundo, corriste hacia sus brazos. Nunca hubo un lugar más acogedor en el que quedarse. La reciente llegada de los aliados a tu isla fue el impulso que necesitabas para quedarte junto a tu familia y trabajar juntos en la reconstrucción de tu pueblo. Aun así, sentiste una leve añoranza por la versión de ti que no lo haría.

No lo sabías, pero merecías vivir en ese retrato de felicidad para siempre.

Si te gustaría pasar más tiempo con tus amigos, continúa el camino de la página siguiente.

Si te gustaría habernos conocido antes, te espero en la realidad alternativa de la página 186.

—No pasa nada
si no eres la persona
que pensaste que serías.

—Al final, estarás justo
donde debías estar
desde el principio.

DESCANSASTE EN
UN HOMBRO QUERIDO

En este mundo yo te tengo,
en este mundo tú me tienes;
no creces lejos de mis ojos
ni llora el viento si no vienes

cambiamos juntos el destino
en nuestros días compartidos

y cuando urge un hombro amigo,
un gran consejo que no sigo
o buenas risas los domingos
antes de que el lunes llegue...

es verdad que aquí te tengo,
es verdad que aquí me tienes.

Ya te habías acostumbrado a caminar entre calles desoladas y huertos que apenas volvían a florecer. Al amanecer, ayudabas a tu tío a recoger aceitunas que sobrevivían al mal tiempo, ansioso por que llegara el momento de ver a tus amigos.

Cuando se reunían por las tardes para distraerse de la penumbra del pasado y la luz borrosa del futuro, las horas volaban como nunca antes. El universo amenazaba con trazar intereses diferentes en sus planes. Por ahora, te consolaba su presencia como la única constante en tu vida.

Tu mayor deseo era que nada cambiara definitivamente. Porque, por algún motivo ajeno a tu conciencia, sabías lo mucho que extrañarías aquellas tardes.

Si decides estudiar para no ser la decepción de tu familia, ve a la página siguiente.

Si prefieres estudiar lo que te gusta sin miedo a fracasar, visita la página 188.

FUISTE EL HIJO QUE
TUS PADRES QUERÍAN

¿Qué debo hacer
para ser suficiente?

corro detrás de una vida
que no es mía
persigo lo que quieren
lo que esperan
lo que debería hacer
que no es lo mismo
que deseaba para mí

¿a alguien le importa
que por otros
hoy me pierda?

¿seré mañana
lo que soñé ese día?

ya ha pasado mucho tiempo
desde que supe qué quería

y lo seguí.

Para devolver a tus padres todo lo que hicieron por ti en esta tierra, aceptaste estudiar lo que ellos eligieron para ti. Aunque tu pasión se inclinaba por el arte, su entusiasmo por la escuela de agricultura hacía acto de presencia en cada conversación que mantenían. En sus corazones latía la convicción de que era la mejor decisión para todos.

Desde entonces estudiabas y cuidabas de tu madre en cama, mientras tu padre y tus hermanos menores trabajaban sin descanso para poner el pan en la mesa cada día.

Era posible que finalmente fueras el hijo que ellos esperaban, pero nunca debiste ser alguien que llenara su vacíos. Tal vez no los decepcionaste, y al no hacerlo, dejaste morir las partes de ti que querían hacer algo distinto.

Si te sientes diferente porque el amor no te interesa, pasa a la página siguiente.

Si quieres sentir que perteneces a algún lugar, mejor ve al universo de la página 190.

TUS OJOS NO BRILLARON
CON DESEO

Donde comienza mi cuerpo,
en esta costura olvidada
por otros ojos piadosos

soy una casa sin puertas;
no busco quien me mire
para llenar sus carencias
con mis espacios vacíos;

soy la voz que se rompe
por un amor que no surge
donde mi cuerpo termina.

El escudo de tus costillas no aguantaba otro latido innecesario. Te refugiabas en tu soledad aprendida, en un intento desesperado de exiliarte del amor para que la decepción no te encontrara desprevenido.

A tus dieciocho no mirabas el reloj con un gesto nervioso, como aquellos que esperan impacientes el amor que la vida les reserva. Tampoco simulabas el brillo que algún día llegaría a tus ojos. Y aunque en ciertas ocasiones imaginabas el tacto de otras manos que te sostuvieran cuando más lo necesitabas, no había nada que no pudieras lograr por ti mismo.

En el fondo, lo sabías. Era demasiado pronto para pensarnos juntos.

Si decides decir la verdad para no causar más daño, pasa a la página siguiente.

Si en otro mundo aún es temprano para confesar tus sentimientos, ve a la página 194.

NO QUISISTE
A QUIEN TE QUISO

En esta tierra de nadie
ya no sueño contigo

no recuerdo tu nombre
no respondo al pasado
no invoco a la nostalgia

no entono tu himno
no te pienso de noche
no defines mis días

nuestra vida fue corta
el futuro, infinito
solo tiempo perdido
una luz que no parte

renuncio a buscarte
se distancia mi muerte

vuelves cuando te pienso
pero ya no respiro.

Una vez alguien te quiso. Nunca te sentiste orgulloso de lo que sucedió aquella tarde en la que rompiste su corazón con la verdad.

Aunque tratabas de convencerte de que nunca fue tu intención destruir sus ilusiones, te atormentaba el pensamiento de que tal vez debiste hacerlo con más tacto, o haber permanecido más tiempo en su vida; al menos, hasta que sintieras lo mismo.

Preferiste cortar el lazo mientras aún podías. Antes de que la herida se hiciera más profunda para ambos, antes de que el arrepentimiento se colara entre sus pieles, antes de que cargaras con la culpa de una idealización que no surgió de ti. Así, dijiste que no a quien te quería, seguiste el instinto de no forzar una emoción que no sentías, y al hacerlo no te reconociste.

Si eliges un mundo donde la despedida te toma por sorpresa, sigue el camino de la próxima página.

Si eliges un mundo donde aún sostienes su mano, ve a la página 196.

—¿Puedes mostrarme
dónde te duele?

—Aquí, en la distancia
entre lo que realmente pasó
y lo que pudo haber sido.

LLEGÓ LA DISTANCIA

Eres como el horizonte
solo que este no existe;
no es un destino al que llegas
sino un lugar al que admiras
desde tu tierra desierta

yo soy como la arena
solo que ella no siente;
no sufre cuando te pierdo
ni se ahoga en recuerdos
donde te arropo de cerca

cuando intento tocarte
cuando intento sentirte
cuando el aire es abismo
y te pierdes en la niebla

eres como el horizonte
yo soy como la arena:
mientras más me acerco
jurando que te tengo
al final, más te alejas.

Nadie te advirtió que todo estaría a punto de cambiar para siempre. No dejabas de preguntarte si había algo que pudieras haber hecho para evitar el regreso del adiós.

Cuando titubeaste antes de entrar en la cocina, ahora inhóspita sin su luz, era un hecho que tu madre estuvo aquí y ya no lo estaba. Se colaron en tu mente las palabras que te dedicó poco antes de que la muerte la arrancara de tus brazos: «*Mio caro*, no tienes que saberlo todo». Y era tarde, demasiado tarde, para responderle. Sabías profundamente que el mundo no merecía seguir sin su presencia.

Pero el sol volvió a salir de todos modos, las aves retomaron su vuelo sobre los olivares, los limoneros fragantes adornaron la tierra, y la brisa marina te devolvió su último beso en la frente. Si hubieras sabido que vendría el mañana, que volvería sin ella hermosa y despierta, no dolería menos su nombre en tus labios.

Si no te sientes cómodo con la persona en la que te has convertido, ve a la página siguiente.

Si quieres hacer las paces contigo mismo, ve al universo de la página 198.

SOLO SOÑASTE

Quisiera ser un barco
mecido por las olas
con una ruta clara
en la que navegar

algo como el viento
en su libertad abierta
que sin paredes tensas
encuentre su lugar

solo una ínfima parte
de algo parecido
me bastaría ser para
ser quien yo quisiera

y volver a casa
sabiendo dónde queda
y sentirme en casa
aun lejos del mar.

Tal vez, en otra línea de tiempo, no existían los portazos, ni los amores tibios, ni mucho menos los adioses.

Pero aquí tu padre no había soportado vivir en una casa sin tu madre. En este hilo temporal, tuviste que asumir el rol de padre para tus hermanos menores. Y cuánto querías dejar de sentirte un extranjero en la única ciudad que conocías. No veías la hora de escapar del mundo en el que te habían encerrado.

Tal vez en otro universo te darías cuenta de lo valiente que eras por haber llegado tan lejos, pero aquí solo seguías tumbado a la espera insoportable de algo que no llegaba.

Estabas atascado en el sentimiento de verte incompleto y querías irte de allí lo más rápido posible.

Si decides quedarte en tu trabajo aunque este no te llene, ve a la página siguiente.

Si no quieres pasar un año más haciendo algo que no quieres, ve a la página 202.

NO ENCONTRASTE EL MOTIVO

¿De verdad esto es todo?

la suerte pasea despacio
y yo la veo de lejos

para cuando despierto
se ha ido

me ha robado mis ganas
de buscarla de nuevo

cada día la veo
y desde el umbral
le pido

llevarme con ella
más tarde.

Tenías veinticinco años y te veías atrapado en una rutina que no te llenaba. No podías celebrar tus logros porque siempre fue una obligación conseguirlos. Porque a pesar de los aplausos y las firmas en los papeles importantes, y las manos en tu espalda y las voces diciéndote que lo habías conseguido, nada fue realmente tuyo, nada fue suficiente. Y dolía en tu pecho la resignación de que tú tampoco lo eras: ni suficiente, ni tuyo, ni libre.

Pasabas horas imaginando cómo sería tu vida si hubieras trabajado en la panadería familiar, si te hubieras marchado con tu hermana al país que la recibió hace años, o si simplemente pudieras sentirte en paz con las decisiones que tomaste.

Qué pena no poder experimentar todas las vidas que anhelabas. Qué lástima que no vieras que otras versiones de ti darían lo que fuera por estar en tu lugar.

Si crees que nuestros caminos aún no se encontrarán en esta vida, ve a la página siguiente.

Si en otra vida sigo extrañándote, ve a la página 204.

ÉRAMOS DOS DESCONOCIDOS

Un día de estos
ya no seremos ciegos
de nosotros mismos

pero hoy no

esta hora no consiente
que nuestras distancias
se quiebren
no he logrado encararte
no te he visto cercano

pero tal vez mañana

en la soledad distraída
cuando caiga la luna
nos veremos reunidos
y bailaremos descalzos
como dos desconocidos

que poco a poco
descubren que se quieren.

Cuando tus hermanos dejaron de necesitarte, solo quedó la soledad de siempre. Las noches eran largas y las horas se llenaban de preguntas, una detrás de otra, cayendo a raudales sobre tu almohada: «¿Por qué estoy aquí?». «¿Qué vine a hacer?». El sueño se escapaba sin mirarte. Solo un reencuentro aliviaría tal silencio.

Estábamos allí, tú y yo, haciéndonos las mismas preguntas sin saberlo. Cuando el día comenzaba a levantarse en tu ciudad, yo seguía mirando la luna desde mi ventana. Entre tus dudas y las mías había un océano incompleto.

Esta historia nos estaba enseñando que no éramos más que dos desconocidos, destinados a permanecer así hasta que verdaderamente nos necesitáramos.

Si sientes que estás perdiendo a tus amigos, sigue el rumbo de la próxima página.

Si en otro mundo no los pierdes porque hacen tiempo para ti, ve a la página 206.

Nos pensamos, distantes.

Nos soñamos, distintos.

SE FUERON LOS AMIGOS

¿Puedo decir
que espero que me extrañes?

que algo en ti se agite
cuando halles nuestras fotos
enterradas en cajones
adornadas por el polvo
como huellas borrosas
de lo que fue otra vida

no pretendo que te duela
solo que por mí sientas
más que una nostalgia tibia
de todo lo que fuimos
de las viejas promesas
de no deshacer los nudos
que antes nos unían

¿puedo decir, acaso,
que espero que me quieras?

yo por ti regreso
si por favor me pides
volver a aquellos días.

Llovía tanto esa tarde. Tus piernas andaban torpes y perdidas en la carencia de unas manos que te arrastrasen contra la corriente. Cuando el mundo no se cansaba de hablar sobre perder un amor, o incluso varios, nadie mencionaba la pena profunda de perder a tus amigos de la infancia.

Fuiste testigo de cómo cada uno de ellos se transformó lentamente en un extraño. Como si nunca hubieran compartido cicatrices, como si borrar tu presencia de sus vidas no les causara el malestar que tú sentías. A medida que los encuentros escaseaban, te conformabas con la excusa de que era un destino inevitable, una consecuencia natural del paso del tiempo.

Pero pesaba en el alma ver cómo todos se iban. Si existiera un universo donde aún fueran tus amigos, te habrías conformado con estar en la misma habitación que ellos.

Si comienzas a creer que todo te sale mal, ve a la página siguiente.

Si entiendes que la vida no termina cuando algo sale mal, ve a la página 208.

VIVISTE UN DUELO

Si yo buscara una fisura, encontraría
una brecha donde la luz pasara;
¡pero había un hilo de mi alma
en el nudo que pudo ser mi vida!

lo que quedó atrás no me seguía
en el mundo que ahora me llamaba;
¡pero seguía siendo parte mía
lo que quise ser y no fui nada!

quise buscar mi sombra arrepentida
en la versión pasada que extrañaba;
¡pero si su reflejo ya no estaba,
probablemente nunca volvería!

y no quería verme derrotado
al pensar en lo que no tenía;
pues todo lo que sucedió ese día
fue todo lo que pudo haber pasado.

¿Cuánto tardarías en abrir los ojos? ¿Cuántas lágrimas te llevaría darte cuenta de que nadie más que tú podía cambiar el rumbo de esta historia?

Estabas harto de que cada decisión que tomabas te condujera inevitablemente al arrepentimiento. Acababan de despedirte de un trabajo que nunca te hizo feliz y, a pesar de ello, al asomarte al reflejo no sentiste alivio, no estabas tú, no había nada. ¿Por qué, entonces, no hacías nada para salir de ese laberinto en el que te habías perdido, esperando que alguien más encontrara la salida por ti?

En esta vida nunca quisiste alejar a las personas que querías, pero te hubiera gustado escuchar lo que realmente significabas para ellos. Debías hacer algo antes de permanecer en duelo por la única vida que conocías.

Si estás cansado de la sensación de que algo te falta, ve a la página siguiente.

Si estás cansado de fingir ser alguien que no eres, pasa a la página 212.

TE CANSASTE DE LA AUSENCIA

Cuando por fin sea mi turno
ya no seré quien conocías:

ya no me verás esperando
en un banco oxidado del parque
una razón que se quede conmigo,
no, será tarde,
para renacer como un niño
envuelto en brazos de su madre
cargado al fingirse dormido
para arroparse con secretos

ya no me verás conteniendo
el dolor que me corta los dedos
cuando la ausencia se agote
y quiera ofrecerme un milagro

en un banco oxidado del parque
donde las hojas me ignoren
y se selle la secreta herida

ahí mismo, en ese instante,
voy a ser más yo
que aquel que conocías.

El otoño había llegado justo a tiempo para tus treinta años. Una calidez inusual se coló entre las hojas secas que crujían bajo tus pasos. Tus días se habían reducido a esto: un letargo perpetuo, como quien se detiene frente al mar sin atreverse jamás a tocar el agua.

Pero justo antes de entrar en casa, sentiste una punzada en la boca del estómago que hacía años que no te visitaba. Fue entonces cuando tu mirada se posó en la carta que te esperaba en el buzón.

Mientras tus dedos temblaban al desdoblarla, reconociste la caligrafía de tu hermana. Sus palabras, cargadas de cariño, te invitaban a viajar a la tierra de gracia en la que todo cambiaría. No podías creerlo: por primera vez en mucho tiempo, la esperanza se había acordado de tu nombre.

Si decides aceptar la invitación de tu hermana, ve a la página siguiente. Un dato útil: esta decisión te acercará a mí.

Si decides esperar a que la felicidad te encuentre sin buscarla, ve a la página 214.

TE EXTRAÑÉ ANTES DE QUE LLEGARAS

No quiero pedirte nada,
no quiero ser exigente…

pero si salieras en busca
de un amor desconocido
porque así tu alma lo dicta

si presintieras mi roce
en una realidad distinta

solo habría que mirarnos
hasta que el olvido
no exista

o nos inventemos
mutuamente.

Estabas convencido de que la felicidad era un lugar y no un estado: un sitio donde pudiera prolongarse. Tu hermana te facilitó la decisión de encontrarlo en una pequeña Venecia al norte del sur, sin imaginar que, años después, yo intentaría ofrecerte lo mismo.

Si vinieras a verme, te contaría que hallé en la costura mi pasión y la convertí en un oficio. Podría invitarte a mi sastrería, te confesaría que en ella conocí a personas que no supieron quedarse, todo lo que querría sería hablar de amor. Te diría que me enamoré perdidamente muchas veces, y entonces el cielo se habría pintado de azul, pero ahora no quedaba rastro de las luces del puerto.

Yo solo te había visto en sueños: tomabas mi rostro entre tus manos y me besabas los párpados suavemente. Todavía ignoraba que era posible extrañarte antes de siquiera conocerte, con la esperanza de quien sabe que un día llegarías.

Si quieres descubrir si el amor toca a tu puerta, sigue el camino de la próxima página.

Si quieres descubrir si el amor nunca se ha ido, ve a la página 216.

—¿Alguna vez
conociste a alguien
 y tuviste la sensación
de haberle extrañado
toda tu vida?

—Hay un reflejo en tu mirada
que me recuerda a un hogar
que aún no conozco.

NOS CONOCIMOS SIN QUERER

No sé cómo
ni cuándo
ni quién soy
ahora que apenas
te conozco

no sé qué ocurre
ni dónde ni por qué
hallo en tu rostro
lo que no sabía
que buscaba

incluso ahora
no sé nada
de nosotros
ni cómo aún
te reconozco

pero sé en mí
que contigo
quiero intentarlo.

No buscaba a nadie cuando te vi en el autobús.

Era la primera vez que te encontraba en este universo, pero no era la primera vez que habitábamos en nuestros pensamientos. Aunque había caminado al lado de otras personas en otras primeras veces, al final me complació que ninguno de esos cruces hubiera sido definitivo.

Lo que surgió en el instante en el que te sentaste a mi lado no podía ser una obra del azar. Yo, que conocía el trayecto con los ojos cerrados; tú, que admirabas las vistas con la curiosidad de un visitante. Todo era nuevo.

No sabía cómo explicar que sentía que habías regresado y que al mismo tiempo, siempre estuviste. Fue entonces cuando me preguntaste adónde iba, y desde el futuro quise ir adondequiera que tú fueras.

Si eliges un universo en el que la distancia sigue creciendo entre nosotros, ve a la página siguiente.

Si eliges un universo en el que estamos más cerca que nunca, ve a la página 220.

Y NOS PERDIMOS

Una vez
estuve cerca de alcanzarlo

una vez te vi llegar
y el amor casi abandonó
su condición de sustantivo

estaba sentada junto a ti
sí, tenías la cabeza
posada en mi hombro
y me decías
que no faltaba nada

y yo no era yo misma
no, no me parecía
a esta flor abandonada
que se deshoja por ser vista
y que nunca
se ha sentido suficiente

pero esa vez te vi marchar
y desde entonces el amor
es solo una palabra muda
que no puede nombrarnos

y desde entonces esta flor
no se reconoce flor
sin todos sus pétalos.

Nuestra reunión inesperada en 1968 no fue amor a primera vista. Diría que, más bien, fue el despertar de algo que ya existía en nosotros, solo que aún no tenía nombre.

Hablamos como si nuestras palabras ya hubieran sido dichas. Me contaste que habías llegado a mi ciudad costera para estar cerca del mar, pero tu hermana te aguardaba en la capital que habías llamado hogar durante varios años.

En aquel viaje primerizo resumimos nuestras vidas y descubrimos que teníamos dos cosas en común: la necesidad de sentirnos comprendidos y la tendencia a ignorar la importancia de un momento hasta que se había ido. El autobús siguió su marcha cuando bajaste, pero yo me quedé sentada con la duda: ¿volvería a sentirme así con alguien más?

Si crees que no podrás olvidarme, ve a la página siguiente.

Si crees que podrás quererme sin cambiarme, ve a la página 222.

TODO EMPEZÓ A SER SOBRE TI

Yo supongo que te extraño
porque estoy inmersa en ti
mientras conozco a otro

y supongo que el deseo
puede parecerse a esto
sobre todo a esto:
a un amor que nunca
acaba de sentirse

la verdad
nunca renuncio al sueño
de volverte a ver por estos lados
y dejar atrás la espera primitiva
en la que nada es imposible
solo nosotros
solo nosotros

y te digo afuera: extraño,
qué lástima que no vayamos
a conocer el horizonte

y me digo adentro: qué lástima
que no sepa hacer otra cosa
que suponer que te extraño.

Lejos, como había sido desde el principio, en ocasiones me preguntaba si mi silueta paseaba por tu memoria. No entendía de dónde surgía esta evocación que me hacía buscarte en personas que no se parecían a ti.

Ya había transcurrido un año y todavía me cuestionaba si nuestro encuentro había sido tan especial como insistían mis recuerdos. A pesar de no haber experimentado una conexión igual desde entonces, no había sido nada más que una ilusión mía. Nunca fue algo más.

Pero lejos, como había sido desde el principio, no había forma de suponer lo que sentías por mí. ¿Cómo podía siquiera imaginar que pronto volverías, en busca de lo que el amor te debía en esta historia? Aun consciente del abismo entre nuestras miradas, guardaba el resplandor de esa primera y última vez en mis ojos.

Si eliges un mundo en el que decides volver a mi ciudad, sigue el camino de la próxima página.

Si eliges un mundo en el que decido volver por ti, descúbrelo en la página 224.

—Había algo en ti
que me resultaba
extrañamente familiar.

—Más tarde comprendí
que era a ti
a quien esperaba.

FUI TU DECISIÓN

Ando buscando
una mano que me encaje
en el centro del pulmón vacío

—habiéndome robado
todo el aire aquella tarde
en que nos conocimos—

¿será que a esta misma hora
me habré colado en tu cama
con la estampa de un recuerdo
antes de habernos perdido?

—si lees esto, ya habré salido
a buscarte con una rosa
y un verso repentino—

para jurarte que te espero
y que aprenderé a quererte
si tú por mí sientes lo mismo.

Nada pudo superar mi sorpresa cuando entraste por la puerta de la sastrería con un traje que necesitabas remendar. Supe, por la luz que reflejaron tus ojos, que tampoco me habías olvidado.

Ignoraba las razones que habían motivado tu regreso, tu demora, o incluso esta extraña disposición a comenzar de cero en mi ciudad; pero cuánto me hubiera gustado poder regresar en el tiempo y arrebatarle al pasado los años que dejamos pasar. Para evitar seguir perdiéndonos.

Volver a hablar contigo se sentía como si estuviéramos robando momentos a un universo que no nos pertenecía, pero me negaba a pensar que no era a ti a quien esperaba. Era a ti, desde el principio.

Si logramos unirnos un poco más tarde en este universo, ve a la página siguiente.

Si logramos unirnos en el momento justo en otro universo, ve a la página 228.

NOS UNIMOS MÁS TARDE

Me sonríes y, de pronto,
todo tiene que ver
con el baile
de los árboles

el viento que sopla,
la hoja que cae,
el beso empapado
que atrapa mi mejilla

la luz que se abre paso
entre las ramas,
el aleteo silencioso,
el trino de las aves

lo saben los troncos,
las orquídeas,
las hormigas…

tú me sonríes
y mi alma se hace fiesta
después de tanta herida

solo para decirte:
qué bien que llegaste.

Durante un largo suspiro del tiempo, pensaste que lo único que podías ofrecerme era la desilusión que te era conocida. Habías olvidado que, por encima de todo y de todos, mi amor seguía esperando por ti.

Tuvimos que arrancar algunas hojas del calendario antes de que pudieras desprenderte de la soledad que habías reclamado, para atrevernos a nombrar la soledad que compartíamos. Habías dejado atrás un cementerio de deseos y personas, por lo que era natural que siguieras extrañando la idea de lo que pudo haber sido diferente en la tierra que te vio crecer.

Quizá tu vida habría sido más fácil en un universo alternativo. Pero aquí y ahora, era el momento de darnos una oportunidad.

Si decidimos no guardar el amor para después, ve a la página siguiente.

Si decidimos no dejar la vida para después, ve a la página 230.

NO GUARDAMOS EL AMOR PARA DESPUÉS

Yo no pienso morir
con el amor escondido

confieso todos los cargos:
un «te amo» en mi bolsillo
—ante ti desarmado—
ha guiado mi boca
al insistente llamado
del hueco en tu cuello

señalo a la culpable
—una sola culpable—
tú que con tus manos
has deshecho mi encierro
y otorgado sentido
a todo el sinsentido
que me fue destinado

pero juro que a nadie
—nunca entregué a nadie—
este beso prometido
que se empeña en posarse
en el hueco en tu cuello.

Afuera, la ciudad dormía ajena a mi desvelo, cuando me invadió una extraña culpa por haber amado antes a otros. ¿Cómo pude llamar amor a lo que sentí, si no se parecía en nada a esto?

Seguía temiendo el día en que dejaras de mirarme con tus ojos y me vieras con los míos, esos que aún no comprendían cómo alguien como tú quería quedarse. Escondía bajo mi piel un repertorio de heridas, recuerdos de aquellos que no supieron interpretar ni corresponder mi lenguaje del amor.

Pero enamorarme de ti me había guiado a enamorarme de mí misma, tanto como de la vida que quería para mí. Había seguido queriendo sola, queriéndome yo sola, hasta que tus manos, empapadas del bálsamo que había pedido al cielo en mis noches más frías, sostuvieron mi rostro como en el sueño febril que nos predijo.

Si nuestros recuerdos no parecen ser suficientes para animarte, sigue el rumbo de la próxima página.

Si te gustaría conocer un universo en el que deseamos quedarnos en nuestros recuerdos favoritos, ve a la página 232.

—Sabía que el amor
finalmente
se quedaría.

—No quise llegar
con las manos vacías.
Te traje un futuro.

NO FUE SUFICIENTE

Yo tengo a alguien
que a mi ser da larga cuerda,
despierta en mí una luz
que ciertos días me refleja
y me cubre con su amor
oh, si tú la vieras…

¿por qué, entonces,
me cuesta tanto
ser feliz?

donde ella está
allí, en nuestra tregua,
con dulzura de almíbar
besa mi cicatriz…
¡y qué dicha la mía
de tenerle tan cerca!

¿por qué, entonces,
me cuesta tanto
ser feliz?

¿Cuándo fue que ya no vi más tu reflejo en el agua turbia de tus ojos? ¿En qué momento dejé de reconocerte en ellos, de vernos bailando en el salón de tus pupilas?

No podía alcanzar ese rincón oscuro al que te habías mudado, lejos de mí, lejos de todo, ahí donde mi afecto nunca sería suficiente para salvarte. Quería romper todos los candados, arrancarte tus pesares y derribar las murallas invisibles que habías levantado entre nosotros.

Quedándome un rato en tu mirada, tratando de encontrar algún resquicio por el que tender un puente hacia tu abrazo, volví en mí: no importaba cuánto lo intentara, en este universo tampoco podía liberarte del dolor que había erigido su hogar en tu pecho.

Si comienzas a extrañar a la familia que no tenemos en este mundo, ve a la página siguiente.

Si no quieres extrañar lo que perdimos, ve a la página 236.

FUIMOS SOLO TÚ Y YO, Y LA TRISTEZA

Tal vez
en otro verso
podremos ser felices

tal vez
no rimará el pesar
con mi pasado

tal vez
podremos ser
en otro verso libre

escribiéndose
a sí mismo
sin abuso de comas;

qué lástima
manchar la hoja
con «tal veces»

qué lástima
no somos
nunca fuimos.

Había soñado con un hijo que heredara tu sonrisa, pero este mundo no nos brindó la oportunidad de conocerlo. Te dije que todo estaba bien, que lo estaría, que el mañana cosería el lazo en el momento justo; sin embargo, aquel sueño se convirtió en un deseo derretido a medio camino, permaneciendo allí sin poder enterrarlo, y volviendo a lastimarnos en cada intento de seguir adelante.

Pasó mucho tiempo antes de que tus labios volvieran a dibujar esa sonrisa. No siempre sabía qué decir o qué hacer, pero me quedaba allí, contigo, en el hilo de un sentido de permanencia. Sabía que mi presencia no sería suficiente para encontrar solución a tus problemas, pero te compartía mi refugio siempre que el tuyo se volvía inhabitable.

Solo quería recordarte que en mi corazón aún ardía aquel amor inagotable. Siempre habría un lugar al que volver, en este abrazo, en este mundo, aunque invisible.

Si eliges un universo en el que casi nos perdimos, ve a la página siguiente.

Si eliges un universo en el que puedo cargar con todo tu pesar, nos vemos en la página 238.

CASI NOS PERDIMOS

Solo por si acaso
pienso en ti despacio
te aprendo de memoria
y te grabo en mis costados
por si alguna vez olvido
la paz en tu mirada

solo por si acaso
alargo tu recuerdo
me recuesto en tu pecho
y desvelo los acordes
por si alguna vez olvido
el sonido de tu risa;

sé que tal vez mañana
no seremos infinitos

pero solo por si acaso
antes de que acabe el mundo
podemos hoy fingirlo
una última noche.

No estabas seguro de querer una nueva vida, no si seguirías sintiéndote como en esta: con el recuerdo constante de una carrera que nunca resonó contigo, un trabajo que nunca te llenó y la reciente imposibilidad de encontrar algo que te llamara. Lo único que habías encontrado en esta ciudad lejana era mi compañía, como un refugio en la intemperie de todas las carencias.

Llevaba días sopesando la idea de visitar el malecón para despejar la mente, pero no contaba con que el final se atrevería a visitarnos. Apreté tu brazo con fuerza y tiré de tu cuerpo antes de que un conductor desorientado se llevara nuestra historia inacabada.

A pesar de que esa noche sí llegaste a salvo a casa, levantarte de la cama aún significaba un gran esfuerzo. Lo veía en tus ojeras grises, en el perfume marchito de tu almohada, pero también en el innegable ardor en tu pecho ante el miedo de perderme, y en todas las veces que te forzabas a seguir andando juntos.

Si lamentas todo aquello que no hicimos, pasa a la página siguiente.

Si quieres aprender a dejar ir lo que ya fue, ve a la página 240.

YA ERA TARDE

Si alguna vez mis pies fallaron
cuando el camino se torcía,
si alguna vez pensé en quedarme
por suponer que no debía…
fue el miedo, el miedo rancio,
el que ató mis pasos al pasado
y sin querer dejarme solo
me abandonó en la vía;

ahora, cuando es tarde,
surgen quietas las sombras
de todo aquello que sería:
las palabras, como un sueño
los sueños, como heridas;

y la flor sin cortar
y las praderas desiertas
y las madreselvas marchitas
vienen a contarme los fracasos
de un alma siempre arrepentida.

Cuando creímos que el final estaba cerca, nos asaltó el agrio remordimiento de todo aquello que no hicimos. Los viajes suspendidos, los besos pendientes, los sueños olvidados y los hijos que nunca vimos corriendo por el jardín.

Así es cómo sucedía: hacíamos nuestra vida con normalidad y, sin previo aviso, rozábamos la ausencia del mañana, como una cuenta regresiva siempre activa. Pensábamos: «quizá no volveré a vestir estas ropas, o a caminar por estas calles, o a sostener aquellas, tus manos, en el lugar donde todo ganaba sentido».

Por eso, una vez atravesada esa frontera, nuestro primer pensamiento siguió la luz de todo lo que pudimos haber hecho diferente, prisioneros de las deudas de un amor que llegó tarde. De haberlo sabido, ¿qué decisiones habríamos tomado en esta vida?

Si eliges un mundo donde soy lo último que piensas antes de dormir, sigue el camino de la próxima página.

Si eliges un mundo donde soy lo primero que ves al despertar, ve a la página 244.

—No tienes idea de todo
lo que hubiera hecho por ti.

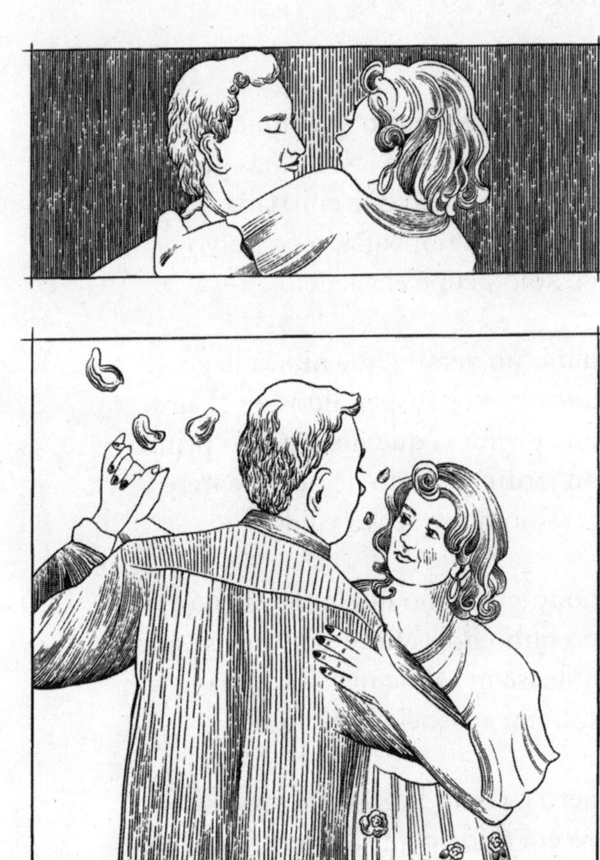

—Sabes que el «hubiera» no existe.
—Por eso. Hubiera abrazado cada minuto
como si fuera el final.

ME FUI SIN TI

Hubo un invierno que nunca llegó
en la misma casa las mismas goteras
el mismo suelo que chirriaba
el mismo reloj bañado en polvo
yo solo ocupé el silencio

hubo un verano que nunca llegó
unos versos suspendidos en el aire
una promesa que nos quebró primero
un jardín pintado de negro entero
yo solo quise ser tu ruido

hubo un otoño que nunca llegó
no hubo hojas tumbadas por suspiros
ni brisa ni calma ni calor ni frío
solo mi ausencia irrefutable

pero cuando llegó la primavera
ya era tarde para salir a tu encuentro:
los jacintos no lograron esperarte
mis besos no supieron alcanzarte

sí hubo un después
pero yo ya me había ido.

El reloj marcó mi hora de partida un poco antes.

El momento pico de extrañarme se presentaba a mitad de la noche, enterrado bajo sábanas que nunca se deshicieron del frío. Ahí, en la guarida donde tu propia mente te atormentaba con nuestros últimos recuerdos juntos, la nostalgia te amenazaba con pintarlos del color de un duelo vivo. Y estaba tan vivo ese duelo, terriblemente vivo, era el mismo que se presentaba en cada lugar donde antes viví: en el perchero sin mi abrigo, en la taza aún manchada de mi pintalabios, en mi silla sin mí, en todos los puños descosidos.

Porque yo ya no estaba, pero indudablemente había estado. Solo tú podías mantener vivo mi recuerdo. Si te despedías de este mundo, yo desaparecería contigo… y eso se convirtió en motivo suficiente para cambiar las sábanas. Para no abandonarte.

Si eliges seguir adelante cargando mi recuerdo, ve a la página siguiente.

Si eliges un universo en el que aún no existen las despedidas, ve a la página 246.

SOLO QUEDÓ EL ANHELO

¿Y si nunca te hubiera conocido?
¿y si no te hubiera dicho ayer
que te quería?

¿acaso seguiría la hoja muerta
aislada de su árbol
bailando con la brisa?

¿seguiría el bosque espeso
trenzando los ramajes
sin sus flores caídas?

¿seguiría la golondrina blanca
huyendo de la luz
que atraviesa las cortinas?

¿será que el alba volvería,
si la muerte bienvenida
ignorara nuestros nombres?

o la vida seguiría sin nosotros
como nosotros seguiremos
sin la vida.

Me hubiera gustado admitir que aún podía verte, incluso tras haberme ido. Reclamaba la oportunidad de volver a quererte en otros mundos, en otra piel, en otro tiempo, poder envejecer contigo. Y rezaba, también, para que jamás pensaras que quise llevarme un trozo enorme de ti con mi partida.

Me hubiera conformado con hacerte entender que muchas partes de mí seguirían a tu lado, pese a que nunca volverías a verme por completo. Me hubiera gustado que te volvieras a enamorar sin entregarte al miedo. Yo te había querido toda mi vida, aunque toda la vida no fuera para siempre en este universo.

Al final, nuestro único legado fue el anhelo imposible de habernos conocido antes.

Si volverías a buscarme en un mundo diferente, sigue el rumbo de la siguiente página.

Si volverías a elegirme en un mundo diferente, ve a la página 248.

—Ojalá estuvieras aquí conmigo.
—Ojalá estuvieras aquí conmigo.

—Ojalá estuvieras aquí conmigo.

Y LA VIDA SIGUIÓ

Ojalá exista un universo
en el que aún estemos juntos

y que al final de los tiempos
—en esas horas de luto—
no exista un universo
en el que no te oiga reír;
no exista un mundo
en el que aprenda a extrañarte;
no exista nunca un espacio
en el que quiera estar
sin tu silencio siendo tuyo
y no otro simple silencio

y si existiera
—si existiera ese universo—
ojalá recibiera las señales
de esta tu ausencia mía
y de esta mi ausencia tuya
para que, por ningún motivo,
se atreviera a dejarte ir.

Sabía muy bien que cuando tu existencia se extinguiera, nuestros recuerdos se desvanecerían para siempre. Llegado el momento, también sabía que no quedaría nadie que nos llevara en su pensamiento. Entonces me preguntaba: cuando dejen de recordarnos, ¿es ahí cuando dejaremos de existir? ¿Bastaba un olvido para borrar todo rastro de lo que fuimos?

Recordaba el sueño recurrente de una niña que señalaba el cielo, veía las formas de las nubes y pensaba en nosotros. Nos veía sobrevolando el paisaje y sonreía porque alguna vez estuvimos.

Al menos así, durante un breve interludio, sentía que este mundo recordaría nuestro paso.

—Si la teoría del multiverso resulta ser real, ¿sería una locura pedirte que me busques?

Se asentó el silencio.

—Es lo único que no puedo prometerte.

—Sé que no depende de nosotros, pero es una idea que sigue persiguiéndome. A veces tengo la sensación de que me llaman todos los escenarios que me llevarían a ti en dimensiones paralelas. Quizá en otro país, en una época distinta, respondiendo a otros nombres… ¿crees que me reconocerías?

—Me encantaría volver a conocerte, aunque no reconozca quién eres en ese momento. Siento que hay algo mágico en conocer al amor de tu vida desde el desconocimiento de que es, de hecho, el amor de tu vida.

—¿No fue así como nos conocimos?

—Y así espero re-conocerte. Ya sabes que te elijo en este mundo, con mi plena consciencia, pero confío en que te anhelo en todos. Lo que escapa de mi control recae en mi esperanza.

—Si es así, me corrijo: lo único que te pido es el recuerdo. Vivir en tus recuerdos, aun cuando ya no esté.

«Si existen otros universos,
te buscaré en cada uno
y te amaré en todos ellos».

EN TODOS
MIS UNIVERSOS

APRENDISTE A VOLAR

Apenas llegas
el campo huele
a primavera

tienes las manos
vacías de recuerdos
y la mirada fija
en una estrella

te pregunto:
«¿cuánto se puede
envejecer en un día?»

piensas: «de grande
quiero ser feliz
igual que ellas»

y te veo partir
junto a las palomas
del parque.

No sé si llegaste demasiado tarde o demasiado pronto, si la historia de tu vida tuvo inicio en otra época o en un país distinto. Solo sé que en este universo te fue concedida la libertad de escoger tu propio camino.

Aquí, las calles no liberaban el olor marchito de los futuros perdidos. De hecho, el mundo se detenía para escucharte cada vez que pronunciabas un deseo.

Y cuando todos te decían que eras fuerte, en este universo no tenías que serlo. Nada malo te había sucedido. Podías ser simplemente un niño.

Si eliges un universo donde tus padres cumplen sus propios sueños, ve a la página siguiente.

Si eliges un universo donde tus padres hacen lo posible por protegerte, vuelve a la página 24.

FUERON MÁS QUE PADRES

En otro mundo —tal vez en este—
mi madre ríe y vive y canta
y alcanza eso que sueña
y llora porque siente
y no porque no pueda evitarlo

y si yo la viera —en este mundo—
sin que me reconociera,
si no naciera de su vientre
ni heredara sus pecados…
sé que seríamos amigos
de esos que nunca se separan
o al menos juran no intentarlo

en otro mundo —tal vez en este—
si fuera el padre de mi padre,
le habría abrazado tan fuerte
que nunca me hubiera faltado

y tal vez —en este mundo—
no cargaría el peso de un nombre
ni huiría a su cama en las noches
en las que pensar me hace daño…
ahí, si ya no estuviera,
ojalá me hubieran buscado.

Antes pensabas que tus padres habían nacido siendo tus padres, que habían llegado al mundo sin otro pasado que el de cuidarte.

Nunca te detuviste a imaginar que alguna vez se atrevieron a creer en algo más grande. Que tu madre, a tu edad, ya soñaba con ayudar a otros mientras escribía su nombre junto a la palabra «doctora». O que tu padre, siendo un niño como tú, dedicaba largas horas a estudiar el mapamundi.

Te gustaba inventar historias en las que viajabas al tiempo en que ellos se parecían tanto a ti. En ese juego, los conocías en el parque, reían contigo y al final del día se convertían en tus mejores amigos. Por ahora, te bastaba con creer que el dolor jamás llamaría a su puerta, incluso en el escenario en el que nunca hubieras llegado a existir.

Si te gustaría conocernos siendo niños, sigue el camino de la próxima página.

Si te gustaría conocer a la versión de ti que será más fuerte tras el dolor, vuelve a la página 26.

—Solo quería que mi madre
fuera mi madre en todos los universos.

—Solo quería que mi padre fuera feliz
en todas las vidas que pudo haber vivido.

FUIMOS PUNTUALES

Ah, si fuéramos dos flores,
qué precioso sería el azar
de vernos en el mismo jardín

si fuéramos dos petirrojos,
qué dicha sería volar
sin preguntar adónde

si fuéramos dos sauces,
qué profundo sería el roce
de nuestros ramajes

pero qué venturoso azar
es el de nuestro oficio:
somos apenas dos niños

queriendo aprender
y aprendiendo a querer
sin mirar los relojes.

La primera vez que te vi traías los zapatos cubiertos de barro y el cabello alborotado. Teníamos siete, quizá ocho años, cuando todo comenzó. Como un pacto silencioso, decidimos reunirnos después de la escuela bajo el mismo árbol torcido. Allí, descansábamos la cabeza en la hierba, hallábamos formas en las nubes y corríamos descalzos ajenos al paso de las horas.

En este universo, nada tenía el poder de lastimarnos; ni el beso de un mosquito en nuestras pálidas mejillas, ni despedirnos de la luna en la ventana. Cuando algo me asustaba, mi mano seguía el rastro invisible de la tuya como un reflejo aprendido.

Tal vez siempre fue así. Nunca pudo ser de otra manera. Tal vez, en cada forma bajo la cual fui convocada al mundo, todos mis corazones estuvieron destinados a albergarte, incluso antes del primer latido.

Si decides arriesgarte a estudiar lo que más te apasiona en este mundo, ve a la página siguiente.

Si en otro mundo decides arriesgarte a irte de tu país, regresa a la página 30.

VIVISTE POR TI

Uno se queda aquí

uno no avanza
uno sigue dando vueltas
y uno piensa:
¿será este el camino?

uno no entiende que
no hay una ruta equivocada
cuando todas pueden serlo

y uno aprende con los años
que aún le queda tiempo
si decide irse de allí

y uno presiente que será así
en el momento que lo siente
primero tiene que saberlo

y uno aprende rápido
a caminar más lento
sin sentir la urgencia
de estar llegando tarde

porque así lo quiso.

Si alguien me hubiera dicho que te encontraría así, con los ojos entrecerrados sobre las partituras, inmerso en un mundo que aprendía a ser tuyo, quizá ninguna de tus versiones daría crédito de ello.

¿Cómo se sentía, al fin, ser tú mismo, y que la única exigencia de tus padres fuera verte feliz? Habías decidido estudiar música en nuestra ciudad de siempre y, al hacerlo, te atreviste a seguir aquello que querías y no lo que esperaban los demás.

¿Sería el roce de tus vidas paralelas, que nuevamente te pensaban, en la ceguera inducida de ignorar todo lo que tenían y a ti te faltaba? No había espacio para el remordimiento en este mundo: solo tenías en tu posesión el tiempo. Era urgente empezar porque el tiempo se escurría entre los dedos. Era ahora. Era aquí. Sin duda te pertenecía.

Si eliges un universo en el que no te sientes solo rodeado de gente, ve a la página siguiente.

Si eliges un universo en el que estando solo encuentras tu propio camino, vuelve a la página 32.

NO ESTABAS SOLO

¡Qué hermosa está la ciudad!

han brotado orquídeas
en los frentes de las casas,
las monarcas han vuelto
junto a los colibríes,
hay quien dice «¡buen día!»
encima de la montaña
y le saludo de vuelta
desde los ventanales

han florecido los coches
puestos al sol en la acera,
han invitado al crepúsculo
a danzar sus rituales,
hay quien come naranjas
a las puertas del mundo…

¡qué hermosa está la ciudad
desde que tú llegaste!

El día de tu vigésimo cumpleaños quise prepararte una sorpresa. Me imaginaba esperándote como ya era costumbre, fuera de tu facultad, con la misma sonrisa tímida que siempre me dedicabas. Aquella tarde, sin embargo, decidí no contarte nada, soltando una mentira blanca para que no sospecharas de mi ausencia.

Cuando encendiste las luces de tu casa, llegué a pensar que no volvería a verte tan feliz. Nos miraste a todos: tus amigos de la infancia, tus compañeros de música, mis compañeros de filología, todo nuestro grupo reunido. Tus padres aparecieron con tu dulce favorito, y cuando tus ojos enjugados se encontraron con los míos, sentí que entre nosotros apareció un amor con otros tonos.

Qué cierto era que nunca perteneciste más a un lugar que en esa sala. Qué cierto era que no había otro espacio en el universo donde deberías estar.

Si aún no tienes valor para decirme lo que sientes, sigue el rumbo de la próxima página.

Si tienes valor para trabajar por lo que quieres aunque parezca imposible, vuelve al universo de la página 34.

—¿Qué puedo hacer para ayudarte?
—Estás aquí. Es suficiente.

—Aunque todo cambie,
no cambies conmigo.

NO DIJE NADA

¡Pasó una cosa maravillosa,
pasó una cosa y quise correr a contarte
y las palabras me colgaron de la boca
y la boca me supo a ausencia simple!

pasó una cosa
que aún quiero decirte...
¿dónde estás,
cuando no te equivocas?

¿vendrás más tarde,
cuando ya te olvide?
¿y si más tarde es nunca?
¿será entonces más simple?

pasó una cosa y encontré tu huida,
pasó una cosa y nunca te enteraste
y pese a todo prometí esperarte
para contarte antes de que lo olvide:

pase lo que pase, tanto no pido,
¡pido tan solo que vuelvas a pasarme!

Lo cierto era que a ambos nos faltaban las palabras y el valor para decirlas en voz alta. Existía algo aterrador en quedar expuestos sin la certeza de ser correspondidos. Yo te amaba de una manera que podía cambiarlo todo, pero respondía al instinto de proteger la amistad que habíamos forjado y que nos había forjado a igual medida.

Pocas semanas después de graduarme, cuando la confesión aún dormía en mi garganta, recibí una oferta de trabajo como editora. Era todo lo que siempre había querido, salvo por un detalle: implicaba estar lejos de ti.

No sabía cómo darte la noticia. No sabía cuándo te volvería a ver. Abrí la boca; sentí las palabras, afiladas, reuniéndose en la punta de mi lengua. El curso de mi vida dependía de ese momento. Y lo sabía, pero el miedo engulló todas mis voces.

Si eliges un universo donde tus padres pueden verte crecer, ve a la página siguiente.

Si eliges un universo donde piensas en el amor que tus padres te enseñaron, vuelve a la página 36.

FUISTE ARROPADO
POR SUS MANOS

Aquella noche se parecía a esta
pero el cielo era un manto abierto
y yo era millonario

andaba con los bolsillos vacíos
y una mano en la riqueza
que era seguir a su lado

con la otra señalaba las estrellas
que de nuestra deuda divina
no se habían olvidado

y solo por ser tan afortunado
fue la sonrisa de mi madre
mi único y mejor legado.

Aquel sábado despertaste con el olor a café filtrándose bajo la puerta y el ruido de los platos en la cocina.

Todavía recordabas la pesadilla con un mal sabor de boca. Un escalofrío fugaz te hizo creer que ya no estaban; pero ahora tu padre te miraba de cerca con orgullo y tu madre no se perdía ni un segundo de tu vida. Desde que tomé la decisión de irme, te acompañaban en la mesa recogiendo con ternura las palabras que yo solía escuchar.

Ese mismo día, el mal sueño te hizo reflexionar lo afortunado que eras por tenerles, como si no hubiera mayor riqueza en ninguno de tus mundos. Ya habías crecido, pero seguías volviendo a ellos con el presentimiento de que en sus brazos serías más feliz. Siempre fue así. Y así sería siempre.

Si eres capaz de pedir ayuda a tiempo cuando pierdes las ganas de seguir, ve a la página siguiente.

Si eres capaz de buscar el amor sin la certeza de ser correspondido, ve a la página 40.

TE SENTISTE A SALVO CONTIGO

De alguna manera
eras casa

eras mesa y ventana
puerta y alfombra
sofá y escalera

eras la llama encendida
de la chimenea
el marco del cuadro torcido
la mesita de noche
la caja de arena

te mirabas de frente
en las paredes marcadas
en la lámpara nueva
en la luz pasajera
que servía de espejo

y en ese, tu cuerpo,
al descalzarte en la entrada
eras feliz de verdad
con todo lo que eras.

Supe lo difícil que era para ti caminar frente a mi casa y no verme ni saberme en ella. Había días en los que la simple idea de levantarte de la cama carecía de sentido. Pero esa distancia, nuestra distancia, fue el primer paso que te impulsó a pedir ayuda para reconciliarte contigo mismo.

Tu temor a lo desconocido no podía seguir robándote las oportunidades que aparecían en tu puerta. Por eso, te armaste de valor y saliste a buscar el hogar que necesitabas, solo para darte cuenta de que estaba más cerca de lo que creías.

Cada día te resultaba más sencillo ser feliz con lo que tenías, pero debías seguir intentándolo una y otra vez; hasta poder irte a dormir con la tranquilidad de que estabas haciendo lo mejor que podías.

Si te gustaría abrazar a la versión de ti que no deja de intentarlo, sigue el camino de la próxima página.

Si te gustaría abrazar a sala versión de ti a quien acaban de romper el corazón, vuelve a la página 42.

—¿Por qué posas la mirada
en aquello que no tienes?

—Por favor, que no
se te vaya la vida
deseando otra.

AL FINAL, LO LOGRASTE

No sé
tal vez
al acordarme de estos días
tendrá algún sentido
el arduo intento

tal vez
al pensar cuánto quería
la flor que ahora sostengo
no sé
si otra vez la arrancaría

tal vez
nunca morirá el deseo
no sé
si se perderá en la fuente
junto a las monedas
sin sus dueños

pero ahora
al acordarme de esos días
no sé si seré el mismo
que alguna vez
creyó en sus sueños.

En la última hora de una noche de diciembre, mientras contaba las uvas al compás de las campanadas, solo deseaba que alcanzaras los sueños que alguna vez compartiste conmigo. La distancia me había robado el derecho de verte, pero no el de pensarte; entonces cerraba los párpados y me aferraba a esa imagen tuya sobre el escenario.

En nuestra última conversación me habías contado todo sobre tu debut como pianista. Estaba convencida de que todos los presentes en la sala quedaron hechizados por tu talento. Y te pedía que pensaras en mí con más fuerza, aunque fuera un solo acorde con mi rostro en tu pensamiento. Sería como estar ahí contigo, como si la distancia no significara nada.

¿Algún día olvidarías cómo se sentía anhelar lo que habías logrado? ¿No era ese deseo lo que siempre te impulsaría? Ojalá que nunca tuvieras ni la más mínima duda de todo lo que eras capaz de hacer cuando creías.

Si decides esperarme a pesar de todos los obstáculos, ve a la página siguiente.

Si decides apostar por tus sueños a pesar de todos los obstáculos, regresa al universo de la página 44.

QUISIMOS RENOVAR RECUERDOS

Me pregunto
qué estarás haciendo ahora

qué será de tu cuerpo
arropado por el cambio,
qué será de los futuros
ahora que no estamos
y qué quedará de ellos
a la hora de olvidarme

me pregunto
qué estarás haciendo ahora

si en otro mundo estamos juntos
antes de destrozar el nuestro,
si una lengua se declara muerta
cuando nadie más la entiende
o si has pensado en regresar
donde no te espera nadie

y si acaso te preguntas
qué estoy haciendo ahora...

¿será posible padecer
de insuficiencia de recuerdos?

Me gustaría decirte que esperaba dejar de esperarte, me gustaría poder evitar el contacto con los recuerdos caducados. Era una verdadera lástima que ambos nos quedáramos suspendidos pensando en lo que hacía el otro, lamentando qué nos había pasado y por qué nos costaba tanto volver adonde fuimos felices.

Sentía que una parte de mí había sido esculpida únicamente para extrañarte. Cuando lo hacía, me bastaba cerrar los ojos para verte de nuevo. Me gustaba imaginar qué estaríamos haciendo en un pasado alternativo en el que no me fui, o qué haría si estuviera a punto de encontrarte.

Como siempre, la felicidad pasaba enseguida, apenas rozaba las pieles antes de huir de la nostalgia. Solo la espera correspondida sabía quedarse demasiado tiempo.

Si en este mundo luchas por recuperar amistades que dabas por perdidas, ve a la página siguiente.

Si en otro mundo luchas por encontrar tu lugar, vuelve a la página 46.

HICIERON TIEMPO PARA TI

Hace poco soñé contigo
y al despertar, viejo amigo,
salí corriendo a contarte

tu hijo me abrió y fue testigo
de cuánto había querido
nuevamente abrazarte

tu rostro me fue conocido
—tal vez menos herido—
cuando allí me encontraste

hablamos por todo el camino
de todo el tiempo perdido
de lo fácil que era antes...

y mis sueños cobraron sentido
cuando, sin haberlo pedido,
al final, te quedaste.

En este lado del mundo, los amigos que estuvieron a tu lado no dejaron de ser parte de tu vida. Y aunque los meses pasaban y las estaciones cambiaban, no importaba si habían pasado diez días o diez años: siempre tendrías a quién recurrir cuando fuera preciso. Siempre encontrarían la manera de volver a encontrarse.

Te diste cuenta de que nunca fue culpa tuya que otras versiones decidieran irse. Merecías amigos que te eligieran todos los días, que compartieran tus logros como si fueran suyos, que con un solo gesto te recordaran que tu existencia tenía alguna importancia para ellos.

Y así, mientras el resto del camino te llevaba hacia personas nuevas, también aprendiste a perdonar a aquellos que, con más hechos que promesas, te demostraron que querían seguir a tu lado.

Si quieres saber qué sucede cuando te equivocas en este mundo, ve a la página siguiente.

Si quieres saber qué sucede cuando nos encontramos por primera vez en otro mundo, nos vemos en la página 50.

TU VIDA NO TERMINÓ
CUANDO FALLASTE

Si huyen las nubes del sol
cuando tú te levantas

si buscan tu rostro dormido
para darte otro sueño

si la luna se acuerda de ti
a mitad de la mañana

y si nadie te cree perdido
cuando caes de nuevo;

levanta en tu alma un motivo
para quedarte despierto

porque aquí aún hay espacio
para la esperanza.

Lo que pasó no era nada de otro mundo: aprendías muy bien equivocándote. Y era curioso, porque en cada nota que fallabas, cada vez que te exigías demasiado o te comparabas incansablemente, encontrabas la lección que necesitabas sin saberlo. El techo salía disparado, perdías el ritmo y los pilares, y solo quedaban tus manos para recoger la lluvia.

Caíste, sí, pero lo hiciste con la agilidad de quien sabe que los tropiezos son parte del camino. Y todo lo que salió mal, te hacía recordar lo que había mejorado; y sabías que mejoraría una vez más porque al despertar la pesadez en tu pecho se habría ido.

El dolor no sería nunca el final, ni en tus peores días ni en ninguno de tus mundos. A la esperanza todavía le quedaba alguna posibilidad.

Si no dejas que te afecte lo que piensan los demás, sigue el camino de la próxima página.

Si no dejas que me afecte el miedo a salir lastimada, regresa a la realidad alternativa de la página 52.

—No quiero volver a preguntarme
si habré hecho todo lo que pude.

—No se puede volver el tiempo atrás.
Eres esto aquí y ahora. ¿O qué sentido tendría
cambiar algo que te hizo ser quien eres?

TE CANSASTE DE FINGIR

¿Quién habrá pintado en tus ojos
los cien mares agitados?
¿fuiste tú, o ya lo olvidaste?

¿qué pincel logró moldearte,
si al verte sin mirarte
no te has reconocido?

¿quién habrá cosido los tejidos
en el hueco de tus párpados?
¿por qué ocultar ese mensaje?

si cuando rompes los cristales
de todos los espejos falsos
sigues viéndote a ti mismo.

Tus logros tal vez engañaban a los demás, pero la inseguridad seguía moviendo los hilos de tu vida. Cuando todos se iban, tenías la costumbre de sentarte frente al espejo el tiempo suficiente para odiar lo que veías. Era fácil detectar defectos bajo la mirada exigente de quien esperaba encontrarlos.

No querías admitir que a menudo fantaseabas con ser otra persona, que te esforzabas por cumplir las expectativas de todos. Y ese rechazo se volvía tan desesperante en tu cuerpo, tan insoportable, que no te dejaba otra salida que condenarte a decepcionarlos.

Tuviste que despedirte de la necesidad de ir detrás de otras personas para no perderlas. Y al dejar de mendigar ese afecto, entendiste que eras merecedor de amor sin ocultar partes de ti. No cabía duda de que siempre lo habías sido.

Si no ves la hora de volverme a ver, ve a la página siguiente.

Si dejas de esperar a que llegue el momento, encuéntrame en el universo de la página 54.

ME RECONOCISTE

Antes de que el mundo
se quedara en silencio
y el sol besara las montañas
junto a ejércitos de abejas
sus mieles, y sus dulces
danzas ensayadas

antes de que el futuro
algún día olvidara
su tarea divina
en nuestras pieles

y un último
atardecer colorido
se posara en el centro
de tu mirada

fuiste tú, incluso antes,
el amor que yo esperaba.

La idea de volverte a ver despertó en mi vientre un cosquilleo que creía dormido.

Reencontrarnos podría ser el mayor indicio de que habíamos dejado de ser los niños que no sabían estar sin el otro, los jóvenes que se amaron torpemente o los adultos que fueron demasiado cobardes para admitir un cariño correspondido. Me sobrevino el miedo a deformar nuestra historia o desatar una incomodidad que nunca tuvimos; pero nada de esto me impidió asistir a tu último concierto en nuestra ciudad natal.

Nunca imaginé que en aquel océano de rostros, sin que tuvieras idea de mi presencia, tus ojos pudieran sacudirme en medio de la oscuridad y confirmarme que aún me llevabas contigo.

Si quieres descubrir si finalmente decidimos darnos una oportunidad, ve a la página siguiente.

Si quieres descubrir si finalmente sellamos nuestro amor, regresa a la línea temporal de la página 56.

EL TIEMPO NOS REGALÓ
MÁS TIEMPO

Como si fuera la primera vez
recorría con mis dedos
tu nombre

ahí estabas tú
ahí estaba yo contigo

y tu nombre
era el mismo de siempre
y no había milímetro de mí
que no conociera tu nombre

después de todo eras tú
después de todo
quería que fueras tú

te llamaba y venías
y de golpe era un lujo
existir al mismo tiempo

volvía a pronunciarte
y de golpe no era un sueño
que fuéramos los mismos.

Cuando la noche cayó con los aplausos, decidí esperarte afuera del auditorio. ¿Cómo podía recomponerme después de todo lo que acababa de ocurrir?

Fue cuando te vi caminar hacia mí que mi corazón se despertó de su letargo. Todo lo que repasé tantas veces en mi mente se desvaneció en la cercanía entre nosotros. Cuando me abrazaste con tu voz, tu misma voz, el concepto del tiempo dejó de existir: en esa calle solo quedábamos nosotros.

Seguimos el resto del camino en silencio, repasando las palabras que necesitábamos decir sin realmente decirlas todas, confiando en que el mañana siempre nos esperaría. Cada segundo se convertiría en la última oportunidad de reparar nuestras ausencias.

Si decides confesar tus sentimientos antes de que sea demasiado tarde, sigue el rumbo de la próxima página.

Si decides volver al universo en el que ya somos una familia, regresa a la página 60.

—Solo quería verte de nuevo
sin ver a un extraño.

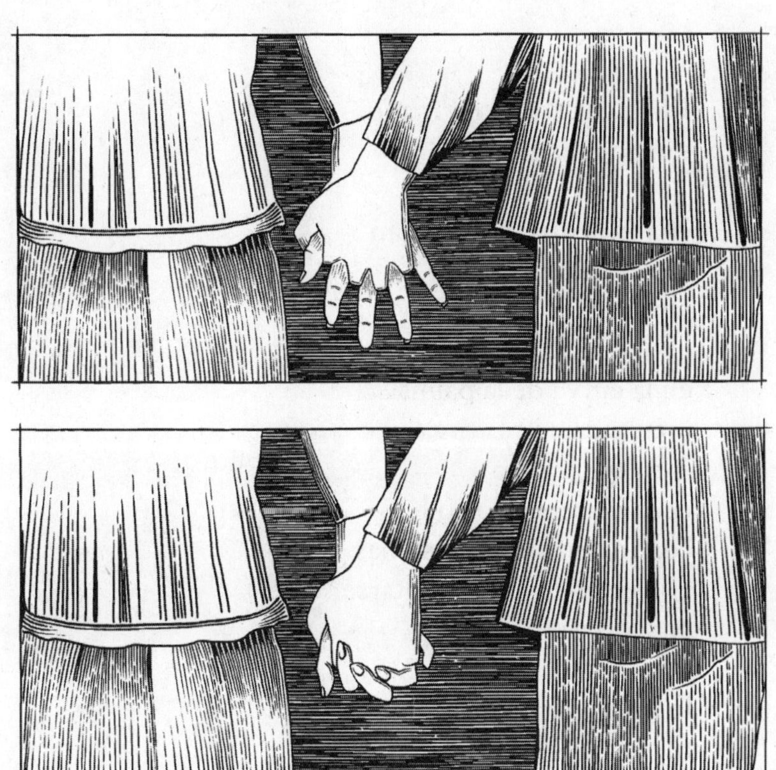

—Me cansé de amar con la memoria.
Hoy te quiero con las manos.

LA DISTANCIA FUE DISTANTE

El amor está en las manos
que sostienen

en los dedos que encajan
perfectamente
entre los míos

en la curva de la palma
esculpida con la tuya

en la elección de no herir
con los bordes de las uñas
y la decisión de no soltarse
cuando pueden;

lo de ayer, cuando lejos,
fue un amor parecido
—sabía al gusto del amor,
tenía la forma del amor—

pero en noches como esta
cuando se cierra el abismo

solo las manos
lo sienten.

Intenté decirte que seguía pensando en ti. Probablemente nunca había dejado de pensarte.

Durante todo este tiempo, cuando mis manos se sentían vacías sin las tuyas, solo quería que el lazo invisible siguiera atándonos a ambos. Tenía la esperanza de que siguieras enredado en el pensamiento de esperarme; que volvieras, de vez en cuando, a nuestras conversaciones, a nuestras canciones favoritas o a la cadencia del lenguaje que solo nosotros entendíamos.

Fue entonces cuando interrumpiste mi confesión con tus manos. Me revelaste cuánto te alegraba haber tomado todas las decisiones que nos condujeron a este momento, pues si no fuera por los errores del pasado, no estaría entrelazando tus dedos con los míos a esta hora.

Si quieres saber si al final decido quedarme, debes leer la página siguiente.

Si quieres saber por qué el amor nos recuerda la importancia de las cosas, ve a la página 62.

ME QUISISTE COMO ERA

Tu manera de quererme era
quererme de todas maneras

con mis pétalos y espinas
con mis campos en sequía
con mis fallos y manías
¡me querías como era!

y era extraño ser querida
como flor a su semilla
me cubrías con la lluvia
bajo el sol de primavera

y cuando el frío arremetía
cuando menos me quería
o te daba mil y un motivos
para ir por alma ajena…

solo compartir tu vida
como una caricia entera
era la forma que tenías
de quererme como era.

Mi vida lejos de ti me hizo creer que el amor era algo que debía ganarse. Pensaba que para ser amada tenía que cambiar, ser alguien diferente, cumplir con lo que los demás esperaban de mí. Por más que insistí en encontrarlo, nunca hallé un amor que se pareciera al tuyo; así, enteramente, a pesar de mis errores y defectos.

Tal vez por ese motivo te convertiste en una de las decisiones más fáciles de mi vida: la elección de volver al lugar donde crecimos y escribir la vida que teníamos pendiente. No solo porque me habías confirmado que también me querías, sino porque ya no necesitaba volver a perderte para saber que mi amor siempre fue tuyo.

Y ser amada sin condiciones, tal y como era, fue lo mejor que pude encontrar en este universo.

Si ya no quieres volver a sentirte perdido, ve a la página siguiente.

Si quisieras estar más presente, regresa a la página 64.

NO PERDIMOS EL RUMBO

Dentro de mí hay varias vidas
y en todas ellas me he perdido
por temor a no encontrarme

en cada una me he extrañado
y he esquivado las salidas
aun sabiéndome encerrado

y ya no quiero equivocarme
si a la hora de mis muertes
será error caer vencido

intentaré sentirme a salvo
cuando regrese conmigo;
al final, solo era un cambio.

Tras decidir regresar a nuestro pueblo, nunca volví a encontrarme con el remordimiento de no haberte demostrado cuánto te quería. Sin embargo, era innegable que ese sentimiento estuvo aquí; si aún lo recordaba, si alguna vez soñé con regresar a la niñez y haberme divertido más, haberme preocupado menos, haber hecho lo posible por pasar más tiempo con las personas que quería.

Pero en este mundo, una libélula batía sus alas y simplemente cambiábamos. Los cambios eran inevitables si queríamos seguir creciendo. Aprendimos a recibirlos con los brazos abiertos porque sabíamos que eran completamente necesarios.

Por suerte, teníamos tiempo suficiente para convertirnos en orgullo de todas nuestras versiones.

Si eliges una vida que nos permita seguir creciendo juntos, te espero en la página siguiente.

Si eliges una vida que nos permita seguir envejeciendo juntos, nos vemos en la página 66.

—¿No te da miedo cambiar?
—Ya no. Es mejor que ser la misma.

—Va a ser diferente.
—Pero voy a estar bien.

LA POESÍA NOS RECORDÓ

Termina la tarde
y la sonrisa es posible

como es posible
el crecimiento de una luna
en los márgenes del beso;
como es posible
la puesta de un deseo
en la curva del ocaso

se hace noche en el silencio
y la mirada es posible
como es posible
mirarte a ti mirándome
en la penumbra de la alcoba;
como es posible
la intimidad de un sueño
en el cobijo compartido

termina la noche
como terminan todas las cosas
de este mundo
y no sé cómo
pero el amor aún es posible.

A veces volvía a verte como un niño, como si el tiempo fuera apenas un velo que podía levantar con la memoria. Veía la luz del atardecer temblando sobre el río, nuestras mochilas olvidadas en la grama, tu rostro iluminado por mi risa. Era un regalo encontrarte fuera del recuerdo, donde la única novedad era el reflejo de los años.

También podía hacerme una imagen de nosotros en una línea temporal alternativa. Te observaba sentado en una silla reclinable del jardín, con nuestra nieta en tu regazo, allí donde el calor se hacía más soportable. Tu voz, ya algo desgastada por los años, le leía sus cuentos de hadas favoritos.

Luego me descubría abriendo los ojos a mitad de la noche, quizá por la necesidad de recordar que seguías a mi lado. Y aquella paz no tenía rival, salvo la posibilidad de que durara para siempre.

Si eliges un universo donde hacemos todo lo que en otros no pudimos hacer, ve a la página siguiente.

Si eliges un universo donde valoras todo lo que hacemos juntos, regresa a la página 70.

APRENDIMOS A VIVIR

¿Me dejas un instante
abrir las alas?

ver desde arriba el cielo
ver desde abajo el mundo

son largos los caminos
son enormes las planicies
y nadie teme ser feliz
en ese instante
y nadie piensa
amenazar al infinito

te oigo decir:
«¿volamos juntos
un instante?»

«¿solo un vuelo?»
te pregunto

y veo desde arriba el cielo
y tan cercano
nuestro mundo.

En este universo no dejamos escapar las oportunidades, ni siquiera aquellas que llegaron de improviso. El miedo apenas tuvo tiempo de asomarse cuando te ofrecieron formar parte de una gira de conciertos. En ese entonces yo estaba en la mitad del proceso de escritura de mi novela, pero la posibilidad de acompañarte se convirtió en la excusa perfecta para explorar el mundo juntos.

Lo cierto era que cada sitio que visitábamos se convertía en fuente de inspiración para nuestro arte. Presentíamos que en algún lugar debía existir una versión de nosotros rogando que disfrutáramos un poco más de esta experiencia.

Era un hecho que pronto conoceríamos el privilegio de añorar nuestros propios recuerdos.

Si sueñas con un universo donde podemos quedarnos en nuestros recuerdos favoritos, ve a la página siguiente.

Si eliges un mundo donde seguimos fabricando nuevos recuerdos favoritos en tu tierra, vuelve a la página 72.

MERODEAMOS LA NOSTALGIA

Llévame
a la vía del recuerdo

abrázame
no dejes que te olvide

no permitas
que nos vea la tristeza

quédate cerca
para hacer contigo

lo que hace la luz
a las luciérnagas:

un viaje a la estancia
en la que fuimos

y siempre seremos
en el pensamiento.

Recorriste cada rincón de nuestro nuevo hogar con una mirada consciente, como si pudieras atrapar cada detalle en tu memoria. ¿Qué podíamos hacer para impedir que nuestra mente nos arrebatara el presente tan preciado?

Dolía pensar que algún día nos faltaría. Hubiéramos dado lo que fuera por ser huéspedes de un universo donde pudiéramos controlar el tiempo a nuestro antojo. Solo allí, nos quedaríamos bajo las sábanas perdidos en los brazos del otro, congelados en la imagen del cariño desmedido.

La realidad era que estábamos atrapados en un duelo anticipado, con un pie en la nostalgia de lo que aún existía, y el otro en el miedo a que dejara de hacerlo.

Si deseas formar una familia en este mundo desde hace mucho tiempo, sigue el camino de la próxima página.

Si deseas intentar preservar lo que sentimos, regresa al universo de la página 74.

—Espero que al final seamos nosotros.

—Siempre seremos nosotros.

LLEGÓ EL FUTURO

Me gustaban las noches
en las que nunca lloraba

me gustaba despertar
sin espinas en los ojos

o el roce de los errores
que mi piel recordaba

cada vez que regresaban
todos mis sueños rotos;

pero si no hubiera llorado
sobre la vieja almohada

no hubiera germinado
tal rosal en mi pecho

y las lágrimas de hoy
no serían de gozo

si aquella noche llorando
no hubiera pedido esto.

Las pérdidas nos habían confinado en una habitación sin puertas ni ventanas. Durante años habíamos olvidado cómo se sentía la luz en nuestra piel entumecida, cansados de buscarla únicamente entre nosotros. Allí, tendidos en la cama, ninguna de esas ausencias se había ido. Algunas jamás abandonarían ese cuarto oscuro.

¿Sería nuestra capacidad de amar más profunda por todo lo que habíamos perdido antes? Tal vez el dolor nos había preparado, de alguna forma, para valorar cada latido, cada sonrisa, cada instante en el que nuestras manos tocaron las de nuestro hijo.

Al verte sosteniéndolo con tanto amor, fuiste la viva imagen de la felicidad recién nacida. Qué alivio fue saber que, a pesar de todo, nunca perdimos la esperanza en este mundo.

Si existe un universo en el que puedo cargar con tu pesar, ve a la página siguiente.

Si existe un universo en el que las cicatrices te darán la fuerza que necesitas, regresa a la página 76.

PUDE CARGAR CON TU PESAR

He hablado con tu herida
le he dicho
que nos deje solos
que se vaya ya
que se vaya
que los dos cabemos
en el temblor del río
que estoy colgado a ti
sobre la hierba fría

he hablado con tu herida
me ha dicho
que quedándose nos salva
que a ella también le duele
tu piel deshecha y tibia

y parece que se mueve
bajo la luz de un beso
y parece que se cierra
cuando llega el abrazo
y en sus últimas palabras
me ha dicho en su arrebato
que aunque vuelva siempre
siempre hay vida
tras la herida.

Mis días empezaban con el deseo de que la tristeza no volviera a encontrarte.

Solo quería recordarte que no tenías que cargar con todo solo; que yo estaría allí, dispuesta a compartir el peso de tus días más difíciles. No podía dejar que ignoraras la suerte que nos sonreía: en este mundo no debíamos tiempo ni dinero, nuestros padres podían ver crecer a nuestro hijo y, por si todo eso fuera poco, estábamos envejeciendo juntos.

Aunque la vida a veces no te ofreciera lo que necesitabas, yo seguiría recordándote que merecías cada uno de sus pequeños milagros. Y tal vez, bajo la cúpula de nuestro abrazo, el dolor finalmente aprendería a despedirse.

Si quieres aprender a atesorar cada momento, ve a la página siguiente.

Si te mueve el arrepentimiento, ve a la página 80.

ATESOROMOS CADA MOMENTO

Cuando llegue a esa edad
y me vea sentada en el patio
mirando a los días pasar
mientras me pesen los años

quiero mirar a este punto
y no querer cambiar nada
tan feliz como pueda
con lo poco que tengo

y entonces tu ternura
y tu forma de quedarte
me dirán en voz alta
si así puedo escucharte

que no cambiarías nada
de todo lo que vivimos
y si pudieras volver
volverías a buscarme.

No fue necesario perder a tus padres, ni tentar a la muerte, ni enfrentar mi distancia para que tomaras conciencia de la importancia del presente. No hicieron falta las carencias para que reconocieras lo que ya te rodeaba.

La tranquilidad se colaba en los recovecos más simples de nuestra historia. Una inmensidad se recogía en la colección de todos los pequeños momentos que amueblaban nuestra vida. Y me bastaba saber que estabas allí para que los mundos alternativos dejaran de importarme, pues mi versión más afortunada era la que compartía más tiempo contigo.

Porque en esos momentos en los que no hacía falta más, en los que no buscábamos otra cosa, sabía que el amor podía quedarse.

Si crees que eres afortunado porque no tenemos que despedirnos, pasa la página siguiente.

Si crees que soy afortunada por tener a alguien que duele perder, pasa a la página 82.

—Y al final, ¿encontraste tu camino?

—Amo y soy amado. Aquí tengo
todo lo que necesito.

SEGUÍAS AQUÍ

Como el mar invoca a las olas
yo te llamo y te acercas

soy como el niño
sin miedo a ahogarse
que no ve lo que entiende
y no entiende lo que ve
pero sabe que es precioso

y me lanzo al agua
que es tu nombre
me agarro a la tabla
y lo pronuncio

y de repente
vuelvo a ser el anciano
que no ve lo que entiende
y no entiende lo que ve
pues en su vida
nunca vio tanta belleza

cuando te llamo
llamándote te amo
y no puedo creer
que me respondes.

Mi cuerpo abrazado al tuyo era lo primero que tus ojos encontraban al despertar. Nos sentábamos juntos a compartir el café de la mañana, con la esperanza de que el tiempo nos concediera otra taza, otro silencio cómodo, otro día entregados al cariño.

Cuando tenías que irte y yo me quedaba escribiendo, te encantaba hallarme en los rincones de nuestro día a día. Entonces me reconocías en mis cosas favoritas, en las calles que guardaron mis tropiezos, en cada situación que te hacía desear que estuviera ahí contigo.

Pero ¿por qué tenías que irte, aunque fuera por un momento, solo para recordarme la suerte infinita de verte regresar? Prefería disfrutar de los reencuentros: cada vez que mis manos volvían a ajustar el cuello de tu camisa, cada vez que tus labios me ofrecían un suave y certero beso de bienvenida, como deseaba que fuera en todos los mundos posibles.

Si en este universo tienes la dicha de estar presente en las vidas de tus nietos, ve a la página siguiente.

Si en otro universo tienes la dicha de que te sigan recordando, vuelve al universo de la página 88.

TE ABRACÉ MÁS FUERTE
CUANDO PUDE

Voy a agarrarme
bien fuerte
a este momento

no quiero
que me deje
rogando su regreso

no quiero
irme pensando
que los mejores tiempos
solo son los mejores
porque ya los vivimos

en medio de la pausa
llega el puño blanco
las horas se deslizan
las tomo con mis dedos
intento no soltarlas

en medio del abrazo
deseé no haber sabido
que al inicio del poema
el momento se había ido.

Si todos los domingos fueran como este, la añoranza jamás nos encontraría. Teníamos la suerte de seguir con vida en un universo en el que no nos perdimos los cumpleaños, ni las bodas, ni las graduaciones, ni siquiera las nochebuenas en las que los regalos se apilaban bajo el árbol.

Nuestra casa tenía un comedor que siempre parecía más grande de lo que era. Nos encantaba poner la mesa y que ningún asiento quedara vacío. Tú te encargabas de preparar la salsa y yo me aseguraba de que todos nuestros nietos recibieran una albóndiga extra en sus platos.

Aunque siempre hubo una parte de ti que ya se estaba despidiendo, y una parte de mí que sabía que te perdería, ningún mundo podía competir con aquel donde tu nieta te llamaba y tu voz era capaz de responderle. Porque un último abrazo, aun sabiendo que no habría otro, sería el mayor tesoro para una niña que anheló volver a sentirlo.

Si crees que una parte de ti fue moldeada para amarme para siempre, te espero en la página siguiente.

Si tenemos el coraje de querernos sin fecha de caducidad, regresa a la página 92.

NO DEJAMOS DE MIRARNOS

Ya conocemos el final
del final del universo:
al final todos se fueron
y nadie se fue del todo

dicen que morí por ti
o morimos uno por el otro
con el consuelo eterno
de haber vivido juntos

dicen qué ilusos fuimos
jugando al para siempre
si nuestro amor duró
¿por qué fuimos fugaces?

quizá fue una sola muerte
dividida en varias partes:

dejamos de ver,
dejaron de vernos
y tal vez,
ojalá nunca,
mi alma deje de mirarte.

Ya sabíamos cómo terminaría todo.

A pesar de ser conscientes de nuestra condición efímera, hicimos lo posible por seguir tejiendo nuestra historia; un hilo tras otro, una elección tras otra, como si pudiéramos quedarnos para siempre.

No pretendíamos decir que no nos equivocamos. El amor, finito y frágil, debía regarse hasta el final de todos nuestros tiempos. Pero tú no me regabas por obligación o por rutina: tú me cuidabas porque decidías quedarte conmigo cada día.

Y entre todas las decisiones que tomamos y las que no tomamos, amarnos fue irreprimiblemente la más sencilla. No pudimos elegir de quién nos enamoramos, solo qué hacer con ese amor cuando insistió en quedarse.

Si eliges regresar a un universo alternativo, reinicia el viaje en la página 102.

Si eliges apreciar el universo que conoces, ve a la página siguiente.

SOLO QUEDÓ UNA VIDA

En la infinidad de los mundos
yo buscaba uno solo:

donde podamos existir
los dos al mismo tiempo

y morir un par de veces
para volver a elegir

la decisión consciente
de caminar contigo

y ver que sigo vivo
sin ignorar la vida

y ver en este mundo
el mundo que necesito.

Fue una tarde de noviembre, en algún pequeño pueblo cerca del mar, cuando abriste los ojos por primera vez en mucho tiempo.

Sucedió en el preciso momento en que entendiste que tu mundo, tal como era, siempre había sido suficiente. El deseo de andar por otros caminos se apagó cuando llegaste a la conclusión de que no podías compararte con tus otras versiones, ni mucho menos corregir los errores de otros universos, si nunca hubo manera de saber cuál habría sido la decisión correcta.

Por eso, cuando te preguntaste:

«¿Por qué estoy aquí?».

«¿Qué vine a hacer?».

Viniste a descubrirlo.

—¿Y si esta vez no sale bien?
—Ojalá lo volvamos a intentar.

—¿Y si pudieras volver atrás?
—No cambiaría nada.

SOBRE LA AUTORA

Marianela Victoria dos Santos Arena (Puerto Cabello, Venezuela, 2000) descubrió su amor por la escritura a los nueve años, cautivada por las historias con rima que encontró en la biblioteca escolar. Desde entonces, su pasión se fortaleció con la emoción de ver sus relatos publicados en suplementos infantiles y el apoyo incondicional de sus abuelos maternos, quienes compraban el periódico religiosamente cada domingo y la alentaban a seguir escribiendo. A los trece años, sus padres la sorprendieron con la publicación de *Pasaje a la imaginación*, un pequeño libro que reunía sus creaciones hasta la fecha.

Aunque la poesía siempre la ha acompañado, fue en 2022, inspirada por su historia de inmigración y desarraigo, cuando autopublicó su primer poemario *Lo que nunca quise escribir*. Su sueño pisó tierra firme en 2024, al incursionar en el mundo editorial y las librerías con una nueva edición de su poemario best seller *Donde viven las musas* (Somos B).

En todos mis universos es su tercer poemario. En él reconstruye la memoria de sus abuelos y explora todas las caras de un amor que persiste incluso cuando todo lo demás desaparece.

Cuando este libro se terminó de editar, Marianela seguía coleccionando sueños y escribiendo versos con el propósito vital de no olvidar.